**Marcheur dans la nuit**

B. FLOUREZ

# Marcheur dans la nuit

## Nicolas Barré
## 1621 - 1686

ÉDITIONS SAINT-PAUL • PARIS-FRIBOURG
1992

6, rue Cassette
75006 PARIS
ISBN 2-85049-503-4

*"Cette nuit est un excellent jour,*
*On y voit tout sans rien y voir,*
*On y sait tout sans rien savoir,*
*On y possède tout sans crainte."*

Nicolas Barré
*Cantique Spirituel*

# Avant-propos

*N'étant ni historienne ni théologienne, je n'avais aucune autorité pour écrire ce livre. L'admiration que j'éprouve pour Nicolas Barré et la lumière, la paix, le courage que m'a communiqués son message m'ont poussée à le faire connaître. Si ces sentiments sont partagés par le lecteur, lorsqu'il fermera cet ouvrage, celui-ci aura atteint son but. A l'avenir, je l'espère, d'autres sauront mettre davantage encore en lumière le chemin tracé par ce grand apôtre et mystique trop méconnu.*

*Les paroles et pensées attribuées à Nicolas Barré dans ces pages sont tirées de ses écrits, ainsi que des deux biographies écrites par ses confrères et contemporains : les Pères Thuillier et Raffron. Le style en a été parfois simplifié afin de rendre les propos plus accessibles. Ils sont en général suivis de la référence au texte original.*

*Je remercie tous ceux et celles sans les encouragements desquels ce livre n'aurait jamais vu le jour, ceux et celles qui m'ont aidée à l'améliorer : le Frère Michel Sauvage et le Frère Yves Poutet, Monsieur Jean de Viguerie, les Soeurs de l'Enfant Jésus de la Providence de Rouen et de l'Enfant*

*Jésus Nicolas Barré, et en particulier Jeanne Deleuze, Marie-Amélie de Massia, Marie-Françoise Toulouse, dont les travaux m'ont beaucoup facilité la tâche.*

B. Flourez

# PRÉFACE

*Au seuil de cet ouvrage, je tenterai de partager quelque chose du plaisir et du bénéfice que m'a procurés sa lecture. Comment l'histoire du Père Barré m'a accroché, en quoi sa personnalité m'a séduit, pourquoi l'actualité de ce Fondateur me fascine.*

*

* *

*Accroché, je l'ai été dès les premières lignes et j'ai dévoré ces pages presque d'une traite, emporté par un récit bref, mais intense. A la réflexion, il me semble avoir été tenu en haleine par une action dramatique. Les personnages entrent en scène au fil des chapitres : ceux et celles qui ont marqué l'enfance et l'adolescence de Barré; ceux et celles dont l'existence a été influencée par l'action et le ministère du religieux; non sans contribuer à incurver parfois son itinéraire. Parmi eux se détachent quelques femmes ardentes et audacieuses (quelques hommes aussi). Alertées avec lui sur les besoins d'éducation et d'évangélisation du peuple, elles en viennent à constituer, sans l'avoir prévu d'abord, des communautés au visage original pour le service de la jeunesse abandonnée.*

*Ces hommes et ces femmes ont de l'initiative et du tempérament. Mais le récit montre bien comment leurs fortes personnalités sont tributaires d'un milieu porteur et nourrissant. Ils communiquent, se rencontrent, confrontent leurs expériences grâce, par exemple, à un écrit retentissant comme les* Remontrances *de Demia. Leur dynamisme créatif participe du formidable mouvement mystique et missionnaire qui soulève et veut renouve-*

*ler la France du XVII$^{e}$ siècle. Des personnages plus notoires que l'humble Minime, sans intervenir directement dans l'action, apparaissent parfois comme à l'arrière-plan de la scène. Ainsi Bérulle, Bourdoise, Olier, Vincent de Paul, Jean Eudes contribuent à orienter, soutenir, stimuler les choix évangéliques et la passion apostolique de Barré et de ceux et celles qui se rattachent à lui.*

*Toutefois, l'action dramatique est loin de se réduire aux relations voire aux débats internes à ce milieu vivant, diversifié mais homogène. Il arrive à Barré de ne pouvoir se dérober à telle joute théologique de salon; mais le combat qui dévore sa vie, il le mène au coeur d'un monde que cette biographie évoque constamment. Monde de la guerre et de la violence, de la misère et de l'insécurité, de l'analphabétisme et de l'exploitation, des famines et des épidémies, de l'ignorance religieuse et du retour de l'intolérance "catholique". Monde de contraste entre le luxe du petit nombre et la pauvreté du peuple; entre la culture raffinée de cercles étroits et l'impossibilité pour tant de jeunes d'accéder à un minimum d'instruction...*

*Le combat de Barré et de ceux et celles qui l'accompagnent vise à agir modestement mais efficacement pour la transformation de ce monde dur, injuste et malheureux. Ils ne se dérobent pas à certaines aides d'urgence. Mais la plupart cherchent à faire avancer le projet que Bourdoise considérait comme le défi majeur du temps : mettre à la portée de filles et de garçons auxquels leur condition sociale la rendait inaccessible, les moyens d'une éducation de base et d'une authentique évangélisation. Non pas une entreprise d'assistance, mais un combat évangélique pour la libération d'enfants de Dieu.*

*

* *

*Comme tout Frère des Ecoles chrétiennes, je n'avais pas pu ne pas rencontrer Nicolas Barré. Des compagnons de route du Minime avaient orienté à ses débuts l'engagement éducatif du*

*Chanoine Jean-Baptiste de La Salle à Reims. Celui-ci avait ensuite consulté le Père Barré; et les conseils de son aîné de trente ans l'avaient conforté pour deux options évangéliques décisives. Par ailleurs, grâce aux Soeurs de l'Enfant Jésus, j'avais eu l'occasion d'aborder un peu certains écrits de leur Fondateur. La lecture de cette biographie m'a fait pourtant découvrir Nicolas Barré. Il m'a séduit, tel un frère proche en humanité, par le frémissement de sa sensibilité - l'âpreté de son combat avec l'ange, dans la nuit - l'authenticité d'un discours spirituel jailli souvent de son expérience intérieure de chercheur de Dieu et de combattant pour la justice.*

*A proprement parler, on ne trouvera pas dans ces pages de portrait humain ou spirituel du Père Barré. Les dimensions et le genre littéraire de cette biographie n'appelaient pas ce type de développement. Au fil du récit, se révèle pourtant un homme de chair et de sang : son classicisme et sa vertu n'étouffent pas sa vive sensibilité. Celle du frère, très attaché à sa soeur Louise que, toute jeune, il a en quelque sorte arrachée à la mort. Celle de l'ami, qui se livre dans telle lettre à Etienne Molien, son confrère Minime : "Je ne peux recevoir une lettre de vous, quand elle ne serait que de trois mots, sans me sentir tout transporté de joie et d'action de grâces envers Dieu pour les faveurs... qu'Il daigne faire à ce précieux moi-même qu'est mon très cher et vénérable Etienne..." Sensibilité de l'accompagnateur spirituel attentif d'abord à écouter, respectueux de l'originalité de chacun, car* ***"Dieu est au centre d'un cercle qu'on peut atteindre par une infinité de voies différentes; il faut bien prendre garde de ne pas détourner l'âme de la voie qui lui est propre, ... ce serait l'égarer"****. Sensibilité de l'apôtre soucieux de ne pas se laisser accaparer par les personnes d'un rang trop élevé de peur qu'elles* ***"ne diminuent ce que je reçois des gens du commun ..."****.*

*L'un des chapitres les plus prenants de cette biographie est consacré à la crise qui secoua Barré, à la nuit dans laquelle il fut plongé aux approches de la quarantaine. De cette épreuve, je relève trois aspects qui me semblent rejoindre notre propre expérience dans le monde actuel. - L'épreuve de l'absence de Dieu :* ***"ces agonies, ces angoisses semblent me pousser jusqu'au désespoir..., au blasphème, à l'athéisme, à l'abandon de Dieu".*** *- Au-delà d'une crise aiguë, d'une période de dépression, la permanence de cette nuit :* ***"cette épreuve, Nicolas Barré a appris qu'il fallait l'habiter"... - "qu'il fallait l'habiter pour qu'elle devienne fontaine d'eau vive. Accueillie, la disgrâce peut devenir grâce, et l'extrême pauvreté une grande richesse".*** *De fait, "c'est au plus profond de son anéantissement physique, psychologique et spirituel que lui vint l'inspiration d'une action en faveur des enfants pauvres". Converti à l'abandon radical à Dieu qui seul fait les saints, il a découvert pour lui-même ce qu'il partagera avec d'autres : "Avec le temps, ces épreuves font passer en Dieu sans même qu'on le sache. Car si on le savait, ... on ne serait encore qu'en soi-même".*

*La biographie du Père Barré est émaillée de nombreuses citations de ses écrits. Ces extraits frappent par leur authenticité humaine, leur profondeur spirituelle, la qualité littéraire de l'expression. Ils font corps avec le récit parce que la parole de Barré remonte de son expérience spirituelle la plus intime. Comme moi-même, le lecteur pourra en faire la découverte émerveillée. Je me limiterai ici à souligner un aspect central de cette unité entre la vie et le discours. Barré est reconnu comme l'un des maîtres* ***de l'abandon à Dieu****. Ses propos sur ce "thème spirituel" jaillissent du fond de son expérience de dépossession de lui-même. Mais en même temps qu'il incite à la confiance éperdue en Dieu qui seul "fait les saints", l'abandon selon Barré appelle à l'engagement "à fonds perdus" au service des autres.* ***"Dieu est saint, et lui seul fait les saints. Nous, c'est en coopérant à son oeuvre de faire des saints, que nous devenons saints... Tendez uniquement à former des copies de Jésus Christ, travaillez à les rendre semblables à l'original puisque Dieu nous a créés à son image. Et Lui se chargera, sans même que vous le sachiez, de vous transformer en Lui. De plus, Jésus nous a dit : "Il n'y a pas de***

***plus grand amour que de donner sa vie pour ses amis". Regardez-Le, c'est Lui votre modèle, mettez-vous à sa suite, Lui qui n'a pas même une pierre où reposer la tête".***

*
* *

*Ces derniers propos sont du* ***Fondateur****; il s'adresse aux membres des communautés qui se sont constituées sous son influence : à Rouen, à Paris, en bien d'autres villes du Royaume. Religieux Minime, Barré a exercé durant toute sa vie de multiples ministères : enseignement, prédication, missions, direction spirituelle. Cette biographie manifeste bien son ouverture et sa disponibilité, animées par l'ardeur apostolique au service du Royaume de Dieu. Personnellement, je dois quand même reconnaître que j'ai été surtout fasciné par l'actualité du Fondateur.*

*Toute fondation est fascinante : c'est la genèse de la vie, l'aventure d'un nouveau départ évangélique, la promesse que contient toute naissance. A la suite du Concile, on s'est accoutumé à parler des "charismes" des Fondateurs. A l'évidence, Barré est animé d'un tel charisme.*

*Il le reçoit comme un don inattendu, répondant à l'appel de l'Esprit perçu grâce à l'attention qu'il porte à la vie de ses contemporains. Il l'exerce en suscitant chez un petit nombre de femmes l'audace évangélique pour s'engager dans un véritable ministère d'éducation des filles. Il l'exerce en inspirant leur élan : par la présence, l'écoute, la parole et l'écrit, il partage avec ces femmes son expérience de Dieu et sa passion pour l'accession des pauvres à la dignité humaine, à la liberté, à la responsabilité d'enfants de Dieu. Le moment venu, il exerce son charisme en poussant ces femmes à se réunir en communauté et à se doter elles-mêmes des moyens nécessaires pour se soutenir dans la recherche de Dieu et la vie menée "à l'apostolique" au service des humbles.*

*L'oeuvre "jaillie du coeur de Dieu" a traversé trois*

*siècles. Deux Congrégations trouvent aujourd'hui chez Barré une source d'inspiration. En partant de cette seule biographie, on pourrait collecter chez ce Fondateur bien des éléments d'une véritable spiritualité apostolique dont l'accent moderne est frappant. "Lorsque Dieu vous visite pendant le temps de vos classes, remerciez-Le et dites-Lui qu'Il remette, s'Il le veut, sa visite au temps de l'oraison, car vous avez, pour le moment, à travailler à ses affaires! Ne vous distrayez pas de l'annonce de l'Evangile. Cela vous fera éviter bien des illusions". Mais, par ailleurs, quoi que vous fassiez, ne supprimez jamais l'oraison un seul jour. Sans elle tout va de travers, et si pauvre qu'elle puisse être, elle nous anoblit, nous soutient, nous procure en secret, peu à peu, de grandes bénédictions..."*

*On pourrait illustrer ce qui vient d'être dit par l'expérience et l'enseignement spirituels de nombreux autres Fondateurs et Fondatrices. En revanche, trois insistances plus marquées chez Barré me fascinent par leur force et leur actualité prophétiques. Des insistances qui, comme beaucoup de propos spirituels de Barré, ressemblent à des paradoxes. Parce qu'elles déclinent l'unique paradoxe évangélique :* ***perdre sa vie pour la sauver****.*

*D'abord, d'un bout à l'autre de son itinéraire, avec une vigoureuse constance, Barré conteste toute "fondation". Certes, ce terme doit être d'abord compris dans le sens de l'époque : soucieux de l'évangélisme radical des communautés et même de leurs oeuvres, le Minime s'oppose à ce qu'elles prennent appui sur la garantie de ressources financières assurées. Mais, jusqu'aux derniers jours de sa vie son intransigeance s'exprime par des refus plus insolites. Refus* ***"de quelque forme de voeux que ce soit"****, refus de sécurités que donneraient la reconnaissance par les lettres patentes, ou un statut officiel dans l'Eglise.*

*On peut juger ces prises de position extrémistes ou intenables. Barré n'a rien d'un idéaliste hanté par l'opposition à toute structure. Aux communautés qu'il a suscitées, après un temps d'expérience, il donnera des statuts et règlements : il y entre dans des détails d'organisation pratique. Mais ses refus traduisent des convictions fondamentales : l'institutionnalisation ne doit pas brider l'engagement libre des personnes à la suite de Jésus Christ; les structures établies ne peuvent se substituer à la liberté novatrice de l'Esprit; la sécurité même ecclésiale d'un statut reconnu ne remplace pas l'assurance que donne seul l'abandon accueillant et actif à une Providence inattendue, qui se manifeste et appelle chaque jour par les événements imprévisibles; tout règlement est inutile si l'existence n'est pas inspirée par l'amour.*

*On peut prolonger ces observations en remarquant que Barré suscite des "fondatrices" plus encore qu'il ne rassemble autour de lui des disciples. Le petit groupe de Rouen ne tardera pas à essaimer; une femme comme Françoise Duval témoigne par son parcours que la fidélité à l'intuition de Barré la rend libre et disponible pour des "créations" répétées et variées, à Reims, à Lisieux, dans le midi de la France. Fondatrices, ces femmes inventent des réponses déjà diversifiées selon les situations et les besoins locaux. Ce n'est pas l'uniformité des styles de vie ou des activités apostoliques qui les rassemble. Elles communient dans la participation au Mystère du Christ, en s'incarnant là où elles sont envoyées et en s'y rendant disponibles aux appels que leur attention à la vie et leur proximité avec les pauvres leur y font percevoir. La consigne ultime que Barré mourant leur fera transmettre ramasse bien, en une formule étonnante, la vertigineuse "mystique" qu'il veut en définitive laisser en héritage à ces communautés :* ***"Le temps de la Pentecôte qui approche est le temps de la prise de possession du Saint Esprit. Montrez-leur comment le Saint Esprit doit prendre possession d'elles et elles du Saint Esprit".***

*Une troisième insistance de Barré n'est pas moins liée à son itinéraire. Tout jeune, il s'était senti appelé par Dieu; emporté par son désir d'absolu, il avait décidé, à dix-neuf ans, d'entrer chez les Minimes. Il les avait préférés à d'autres Ordres religieux implantés à Amiens, parce "qu'on n'y prononçait pas assez tôt, selon ses inclinations, les voeux de religion". Novice, il s'était senti en accord intérieur profond avec l'intuition fondatrice de François de Paule. Et il s'était lancé avec fougue dans la recherche de Dieu par la prière, l'ascèse, la charité. Jeune scolastique, alors qu'il désire l'apostolat au milieu du petit peuple, il est envoyé au Couvent des Minimes de la Place Royale à Paris, illustré par le Père Mersenne et fréquenté par la haute société. Il y prend conscience du décalage entre l'élan fondateur et les dérives de l'institution. Il ne renonce pas à l'idéal Minime, mais la tension qu'il éprouve contribue à l'enfoncer dans la nuit.*

*Il ne sortira de cette crise que par une conversion radicale qui le fera passer du volontarisme spirituel à une remise totale de lui-même à la conduite de Dieu.* ***"Seigneur, à vous de désirer en moi, agissez, arrangez tout comme il vous plaira et je tâcherai de désirer, d'agir et de vous suivre en tout, et partout, sans réserve et sans limite".*** *La "conduite de Dieu" accueillie dans l'histoire ne le mènera pas à l'individualisme intimiste ni à la passivité. Il continuera de mener la vie des Minimes, sans combattre les structures, mais en contribuant par sa foi vive à la rénovation de l'Ordre. Il participe à de nombreux Chapitres, il est élu à plusieurs reprises supérieur des communautés, voire conseiller du provincial. Cette fidélité d'appartenance active ne l'empêche pas de devenir Fondateur de communautés féminines. Dans l'ensemble, les Minimes sont d'accord avec cette créativité dont il partage avec ses confrères les vicissitudes et les progrès.*

*Cette expérience personnelle intransmissible contribuera sans doute à une insistance pédagogique du Fondateur Barré; son action "éducative" vise a détacher de lui-même les personnes et les communautés; il veut les rendre autonomes* ***"afin qu'elles apprennent à compter sur Jésus seul".*** *Car* ***"c'est sur la vérité, et sur Jésus Christ seul... que cet Institut est et doit être établi. Seigneur adorable et Sauveur de nos âmes, ne permettez pas qu'il en soit jamais autrement, afin qu'il reste toujours votre héritage et votre bien".***

*L'actualité prophétique de ces paradoxes de Barré, je les perçois dans leur connivence profonde avec les orientations fondamentales du Concile Vatican II concernant le renouveau de la vie religieuse. Cinq critères sont donnés pour l'entreprise de la rénovation adaptée à laquelle sont invités tous les Ordres religieux. L'un de ces critères est* ***"la fidélité aux intentions spécifiques et à l'esprit du Fondateur"****. Mais loin de tourner les religieux vers le passé, dans le maintien de formes de vie communautaires ou apostoliques indûment perpétuées, ce critère les invite à redécouvrir le dynamisme inspirateur et la volonté créatrice des origines. Car on ne peut dissocier ce ressourcement chez le Fondateur des quatre autres critères énumérés par le document conciliaire : la mise à la suite du Christ selon l'Evangile, première et principale règle; l'écoute des appels de l'Eglise; l'attention aux besoins du monde d'aujourd'hui; et en tout cela, l'unique fidélité à l'Esprit Saint à l'oeuvre ici et maintenant comme il l'a été dans les Fondateurs.*

*Dans l'immédiat après-Concile, beaucoup d'Instituts se sont engagés dans l'entreprise de rénovation. Après un quart de siècle, force est de constater que ces efforts exceptionnels d'ouverture, de dialogue, de présence aux hommes n'ont pas débouché sur la renaissance attendue. Comme certains secteurs d'Eglise, des religieux, des Instituts peuvent être tentés de définir le chemin sûr en se repliant sur eux-mêmes; d'y multiplier les balises, voire les garde-fous, en renforçant les structures; de chercher à nouveau dans le passé lumière et impulsion pour un itinéraire qui se déroule dans un monde nouveau et chaque jour plus imprévisible.*

*Ni Barré, ni le Concile, n'apportent de réponse toute faite à des interrogations qui nous tenaillent, sur l'avenir - et le présent - de la vie religieuse apostolique. Il me semble pourtant qu'ils convergent d'abord pour nous avertir que nous n'échapperons pas à la tentation de désespérance qui nous menace parfois, en essayant de la fuir par la frilosité, le durcissement ou l'incantation.*

*En juin 1966, Paul VI avertissait les Instituts que la rénovation de la vie religieuse dans laquelle le Concile les invitait à s'engager **"devait être désormais permanente"** (Motu Proprio Christus Dominus). Cette remarque presque incidente, ne fut guère soulignée à l'époque. La situation présente lui confère une portée inattendue : en définitive, sans l'avoir voulu, nous nous trouvons engagés dans une aventure de refondation, pour laquelle les paradoxes du Fondateur Barré me semblent d'une actualité prophétique.*

*Car les propos et le comportement du Minime nous disent qu'une telle aventure ne peut se vivre qu'au jour le jour, sans certitude d'avoir un avenir. Que dès lors l'espérance invite à s'engager à fond dans l'aujourd'hui de Dieu, attentifs aux situations et aux appels, proches de tous, ouverts au partage et au pluralisme. Qu'en nous-mêmes et chez nos Frères et Soeurs, l'Esprit est chaque jour créateur et qu'il est plus vital et plus fidèle "de veiller à ne pas éteindre l'Esprit" que de s'accrocher à ce qui semble garantir par avance la rectitude de la route et l'uniformité de la cadence des marcheurs. Que, dans cette marche pas à pas, l'Esprit "qui nous possède et que nous possédons", diffuse toujours en nos coeurs l'amour du Christ à la suite duquel nous continuons d'avancer. Et que ce même Esprit Saint nous éduque jour après jour à l'abandon à un Père qui, au fond de nous-mêmes comme par les événements les plus banals ou les plus insolites, ne cesse de nous appeler à recommencer, à sortir, à risquer, à inventer...*

*Noël 1991 Frère Michel SAUVAGE, fec.*

## *Liste des abréviations désignant des écrits du Père Barré et des premiers témoins*

| | |
|---|---|
| AC | Avis et conduite pour faire les Catéchismes utilement |
| AM | Quelques Avis pour les Maîtresses touchant l'exercice de l'école |
| AS | Articles Secrets |
| CS | Cantique Spirituel |
| ES | Ecrit signé par les premières sœurs de la communauté |
| L | Lettres |
| MD | Maximes pour la Direction des âmes, tant pour les directeurs que pour les personnes dirigées |
| MF | Maximes Fondamentales pour l'Institut des Ecoles Charitables du Saint Enfant Jésus |
| MI | Mémoire Instructif pour faire connaître l'utilité des Ecoles Charitables du Saint Enfant Jésus |
| MIS | Mémoire et Instruction pour la Sanctification des sœurs |
| MML | Mémoire de Marguerite Lestocq |
| MP | Maximes Particulières pour les Maîtresses des Ecoles Charitables |
| MTP | Maximes pour Toutes sortes de Personnes désireuses de la Perfection |
| Pos | Positio |
| RA | Réflexions et Avis sur les moyens pour parvenir à la plus haute Perfection |
| RJ | Règlement Journalier pour les écoles chrétiennes |
| RNF | Raisons pour ne pas fonder les Ecoles Charitables, et n'avoir pas même de maison en propre |

| | |
|---|---|
| RT | Règlement pour les écoles du Travail |
| SR | Status et Règlements |
| TM | Témoignage sur la Mort du Père Barré |
| | |
| Raf | Vie de Nicolas Barré par le Père Raffron |
| Th | Vie de Nicolas Barré par le Père Thuillier |

# CHAPITRE 1

## Amiens, 1621-1686

Le 31 mai 1686, à Paris, un religieux meurt au Couvent des Minimes. De toute la ville on accourt en s'écriant : "le saint est mort, le saint est mort !"

Très vite, la nouvelle se répand dans des dizaines de communes du Nord au Sud de la France. Dans bien des coeurs une question se pose. Pourra-t-on maintenir l'unité et la vitalité de son oeuvre? Et comment durera-t-elle dans cette précarité dont il n'a jamais voulu se défaire? "Quoi qu'il arrive, soyez toujours en paix", disait Nicolas Barré, "et confiez-vous en Dieu!" Mais fallait-il vraiment se lancer dans une telle aventure, et surtout y lancer tant d'autres, sans quelques garanties plus terre-à-terre?

L'avenir a toujours un passé. L'histoire est faite du tissage ininterrompu de fils qui s'entrecroisent donnant à l'avenir son orientation, et au passé son sens. Dans la ville d'Amiens, le 21 octobre 1621, un fil nouveau s'insère dans l'immense tapisserie de l'histoire. Un enfant est né au foyer de Louis Barré et Antoinette Pellé. On l'appellera Nicolas, un prénom souvent donné dans la famille, et très répandu dans cette région, la Picardie. Un fils! Pour Louis Barré, ce premier enfant, c'est l'espoir de voir se poursuivre et s'accroître l'affaire familiale, car tel est traditionnellement le destin du fils aîné. Marchands merciers depuis plusieurs générations, les Barré vendent un peu de tout : du poisson, des chandelles, du fil, de la laine, des étoffes, des teintures, des graines, du savon. Le riche mariage du grand-père Philippe Barré avec Marie La Goul a permis de constituer un patrimoine qui assure à la famille largement de quoi vivre. Les parents de la jeune maman sont également commerçants, marchands brasseurs; leur boutique, "A la Blanche Levrette", est située sur les quais. Le nouveau-né semble avoir déjà un avenir tout tracé.

Amiens est un port de rivière, prospère lors des rares périodes de paix. On y fait le commerce des produits textiles d'Angleterre, des céréales du Nord, du vin de Bordeaux ou de Champagne. C'est un noeud de communications, à cent-dix kilomètres de Paris. Les foires attirent des marchands de toute la région, à la Saint Martin et la Saint Nicolas; elles durent presque un mois. La fête de Saint Jean-Baptiste est l'occasion de nombreuses réjouissances et processions, auxquelles se joignent les habitants des villages environnants. L'eau est la seule ressource énergétique. Les nombreux canaux, voies de circulation, servent aussi aux tanneurs, et aux brasseurs, tout comme aux rouisseurs du chanvre qui y déversent les eaux usées... déjà la pollution! La Somme, poissonneuse, est source de revenus, mais représente aussi un danger permanent. De très fréquentes inondations ravagent la cité.

Les Barré font partie de la bourgeoisie d'Amiens. Ils ont une réputation de grande honnêteté, appuyée sur une foi solide. Ils habitent sur la place du grand marché, qu'on appelle aussi le marché aux herbes ou marché au Feurre. Leur profession les met en relation avec les commerçants et les clients des villes voisines; des liens de parenté les unissent à des personnes influentes de la région. Le milieu profondément chrétien, où va grandir Nicolas, est ouvert aux événements et aux idées qui agitent le pays en ce début de siècle.

Le commerce est lié aux fluctuations de l'économie locale et nationale qui repose en grande partie sur l'agriculture. Il suffit d'une mauvaise récolte, due aux intempéries ou au passage des troupes, pour que la répercussion en ville soit immédiate : hausse du prix du pain, mévente générale, chômage, misère. Les famines sont fréquentes faute de prévoyance, et d'une organisation suffisante de la vie économique. Aussi les crises jalonnent-elles la vie amiénoise : il est bien rare de voir passer dix ans sans connaître une période difficile ou même catastrophique.

La situation politique est instable depuis que le Roi Henri IV a été assassiné en 1610. Il avait été l'artisan de la paix religieuse, entre catholiques et protestants, enfin scellée par l'Edit de Nantes (1598). A sa mort, son fils Louis XIII n'avait que neuf ans, et c'est Marie de Médicis, sa mère, qui assure la régence. Il y a quatre ans, en 1617, Concini, qui dirigeait le gouvernement, était assassiné à son tour. Et, depuis trois ans, la guerre est aux frontières, une guerre que l'on appellera "Guerre de Trente Ans". Elle est aussi en terre de France, dans le Midi, où le Roi Louis XIII est aux prises avec les protestants. Il est bien décidé à leur reprendre les places fortes que leur avait concédées Henri IV et qui sont un danger pour l'Etat. La tolérance religieuse aura peu duré, et l'objectif d'une religion unique, conçue comme facteur d'unité nationale, n'a pas fini de faire des victimes.

Dans les campagnes et les faubourgs des villes, la situation des pauvres est difficile. Les échos d'une mission prêchée dans les environs d'Amiens, à Folleville, par Vincent de Paul, sont arrivés jusqu'en ville. Il y a certes beaucoup à faire pour pallier à l'ignorance religieuse, tout comme pour sortir tant de familles de la misère. Louis et Antoinette Barré y contribuent de leur mieux, sans attendre que les émeutes de la faim viennent crier sous leurs fenêtres la misère du peuple. Mais, pour l'heure, ils sont tout à leur joie de la naissance de leur premier fils.

Les enfants, à l'époque, sont habituellement baptisés sitôt leur naissance. Mais la cérémonie est parfois remise à plus tard, soit en raison de la santé du bébé, soit à cause de l'absence du parrain. Dans ce cas, l'enfant est "ondoyé" à la maison. C'est sans doute pour l'une de ces deux raisons que Nicolas n'est baptisé que le 17 décembre. A trois heures de l'après-midi, il est porté à l'église Saint-Germain, accompagné de ses parents, de son parrain, le grand-oncle Nicolas Gonnet, et de sa marraine, l'arrière-grand-mère, Marie La Goul. L'église est proche ; la ville compte treize paroisses et vingt monastères pour une population de près de cinquante mille habitants. La cathédrale est une merveille gothique. Elle s'offre à tous comme un grand livre d'images de pierre, de bois et de verre, où le plus simple et l'illettré peuvent lire en sa totalité l'histoire du salut tout comme celle du peuple picard. Ainsi que tous les enfants d'Amiens, Nicolas y découvrira bientôt les belles histoires de la Bible, et celles du peuple amiénois. Il écoutera sa mère les lui conter, ainsi qu'à ses soeurs, car il ne reste pas longtemps seul au foyer familial. Catherine naît en 1623, Louise sans doute en 1627, puis Françoise en 1630 et Marie en 1636.

La situation politique du pays ne s'améliore pas au long de ces années. En 1624, Marie de Médicis fait entrer le Cardinal de Richelieu au conseil du roi. Il veut une obéissance sans faille au pouvoir royal et à ses représentants. Jusqu'à sa mort il poursuivra une politique autoritaire et centralisatrice. Nicolas a sept ans lorsque, en 1628, la foule amiénoise assiège l'auberge où est descendu un important personnage, François de Pommereu, venu de Paris pour installer les officiers de justice nommés par le roi. Jusqu'alors, ils étaient désignés par le pouvoir local. Le bruit court dans la ville que des impôts nouveaux vont être impartis sur toutes les marchandises. C'est la révolte! Marchands et maîtres de métiers s'assemblent pour se concerter; les pauvres forment la troupe. Le pouvoir local les laisse faire. Pommereu doit s'enfuir par les jardins et sauter à cheval pour rejoindre Paris.

L'émotion a été forte dans la ville. Le petit Nicolas observe, écoute les commentaires des adultes, et commence à découvrir que la vie des hommes et des femmes qui l'entourent est un rude combat. Toutefois l'aisance financière évite aux Barré bien des souffrances. Cependant le malheur frappe à leur porte : la petite Louise tombe gravement malade. Les parents, comme les médecins, la croient perdue, le mal ne cessant de s'aggraver. Toute la famille supplie le Seigneur de la sauver, tout en se préparant à accepter l'issue fatale. La mort des enfants ne fait-elle pas partie intégrante de l'univers quotidien? Un quart des enfants meurt avant un an, et un autre quart n'atteint pas vingt ans. Nicolas aime Louise, il ne peut se résoudre à la voir mourir. Un jour, rentrant de l'école, il la voit plus mal que jamais. Sans dire un mot, il se retire dans sa chambre, où il avait installé un petit oratoire, et là, face contre terre, et en pleurant, il supplie Dieu de la guérir. Et brusquement, au fond du coeur, lui vient la conviction que Dieu a entendu sa prière, que sa soeur retrouvera la santé. Aussitôt il court l'annoncer à sa famille en larmes. Sa certitude provoque l'étonnement, mais fait naître l'espoir. Peu de temps après, Louise est complètement guérie. Ce fait, rapporté par les biographes (Raffron et Thuillier) met en lumière la Foi ardente du jeune Nicolas. Une Foi où il puisera la force, comme il le dira plus tard, "d'espérer contre toute espérance". "Quand bien même tout semblerait aller au désespoir, il faut continuer d'espérer, jusqu'à pouvoir dire : quand bien même Il me tuerait, j'espérerais encore en Lui" (MF 12,13).

Louise, quant à elle, gardera toute sa vie une grande reconnaissance vis-à-vis de son frère, non seulement pour la santé retrouvée, mais aussi pour l'influence qu'il eut sur son propre cheminement spirituel. Plus tard, religieuse Minime au Monastère d'Abbeville, elle aime dire, non sans humour, en racontant l'événement : "Mon frère est devenu mon père, car il m'a donné la vie à nouveau. Et il est même doublement mon père, car, dans l'ordre de la grâce, je lui dois d'être fille de Saint François de Paule" (Th).

Nous ignorons de quelle maladie la petite Louise avait été atteinte. Nous savons que "la peste" existait dans la région, presque à l'état endémique. Ce nom de peste désignait alors diverses maladies très contagieuses et mal connues, faisant un grand nombre de victimes. Elle sévit à Amiens en 1623 et en 1628. En 1632 elle est particulièrement violente, dure près de trois ans, et emporte près de 25.000 habitants. Nicolas vit alors ses premières années d'études, et le collège doit fermer ses portes pendant quelque temps. La plupart des curés sont si effrayés qu'ils refusent de donner les sacrements aux pestiférés dans les quartiers pauvres, qui sont les plus touchés. Il faut un décret pour les y obliger. On organise prière, neuvaines et processions pour être délivré du fléau. Les échevins - responsables de la municipalité - font le voeu d'offrir un présent à la Vierge si la peste s'éloigne. Quand elle cesse enfin en 1634, une grande procession est organisée pour rendre grâces à Dieu. De même, après une nouvelle épidémie meurtrière, durant l'hiver 1636-1637, qui fit 1400 morts en une seule semaine.

Toute l'enfance et la jeunesse de Nicolas sont ainsi jalonnées d'événements douloureux. Le 13 février 1635, les eaux de la Somme commencent à monter. Un témoin raconte : "L'inondation commença vers 10 heures du soir et dura jusqu'au 21e jour du mois. Les eaux couvrirent des rues du quartier de la basse ville et montèrent jusqu'au grand autel de l'église des Minimes, qui durant ce temps-là ne purent dire la messe, ni chanter l'office divin... Plusieurs maisons furent détruites et entraînées; on voyait flotter sur les eaux, des cadavres d'hommes, de vaches et de chevaux. Pendant six jours, on ne put moudre le grain. Les ponts du côté de Longueau furent emportés, ce qui causa une grande cherté des grains dans Amiens, à cause des difficultés des chemins".

Quelques mois plus tard, survient la guerre, et son cortège de misère, de peur, de souffrances. On ne sera pas étonné de trouver, sous la plume de Nicolas devenu adulte, des images inspirées par de tels événements, pour évoquer les combats de la vie spirituelle ou de l'engagement apostolique.

La France déclare la guerre à l'Espagne, première puissance militaire d'Europe, qui domine les Pays-Bas proches de la Picardie. Les habitants des campagnes se réfugient à Amiens dès le mois de septembre 1635, augmentant la promiscuité qui règne dans la ville. Tous les hommes valides sont convoqués pour travailler aux fortifications. En avril 1636, la misère, la faim, la crainte des lendemains, font éclater l'émeute, tôt réprimée par la force. La guerre est aux portes d'Amiens tout au long de cette année 1636. Des paysans terrorisés refluent vers la ville, apportant des récits de massacres, d'incendies, de viols. Du mois d'août au mois de novembre, la ville de Corbie, située à dix-sept kilomètres, connaît un terrible siège, alors que la peste s'abat sur toute la région, faisant des milliers de victimes.

Nicolas a quinze ans. Depuis l'âge de dix ans environ, il est élève du collège Saint-Nicolas, dirigé par les Jésuites et fréquenté par de nombreux étudiants. Qui, auparavant, lui a appris la lecture et le calcul? Sa mère? Un précepteur? A-t-il fréquenté une des "petites écoles" payantes attachées aux paroisses? Nous l'ignorons. Mais les résultats sont excellents. Le Directeur du collège est alors le Père de Saint Jure. "Rien n'égalait son zèle, si ce n'est le don qu'il avait de faire aimer Dieu à tous ceux à qui il en parlait". C'est un maître spirituel, lié à Gaston de Renty et à d'autres grandes figures chrétiennes de l'époque; il est l'auteur de plusieurs livres de spiritualité dont le "Traité de la Connaissance et de l'Amour du Fils de Dieu, Notre-Seigneur Jésus-Christ", un ouvrage qui sera constamment réédité jusqu'à la fin du 19e siècle. L'influence de sa pensée sur Nicolas Barré est probable. "Je suis content et très joyeux d'être le néant, afin que vous soyez le tout", écrivait Saint Jure en s'adressant à Notre-Seigneur. Ces mots, Nicolas les lit quand il est adolescent; il apprendra plus tard à les vivre en vérité.

Le parcours scolaire compte trois années dites de "grammaire", une année d'humanités, une de rhétorique, deux de philosophie et deux de théologie. Nicolas arrive en classe le matin à 9 heures 30. Les cours commencent avec la prière, en latin: "Père très bon, répands en nous, par les mérites de Jésus Christ ton Fils, la grâce de ton Esprit Saint, par laquelle notre intelligence sera éclairée plus pleinement dans les connaissances d'un homme libre, pour que nous puissions les faire servir à ta divine gloire, à notre bien et à celui de ta sainte Eglise".

Les classes groupent des enfants et adolescents d'âge très divers, et leur nombre va parfois jusqu'à cent. En témoigne le rapport d'un provincial au supérieur général. "Lorsque les écoliers sont plus de cent dans une classe, ils accablent le maître, et n'avancent point dans leurs études, à tel point que certains doivent demeurer quatre ou cinq ans dans la même classe, parce que le maître ne peut aider un aussi grand nombre." Elles sont organisées par groupes de dix. Un élève plus doué, appelé "décurion" est à la tête de chaque groupe. Il est responsable de la vérification des leçons, tandis que le régent - ou professeur - explique, anime, et contrôle l'assimilation des connaissances.

Une bonne part de l'enseignement est donnée en latin. L'élève prend peu de notes. Le soir, il faut les relire, écrire de mémoire les explications données en classe, et les étudier. Le lendemain le décurion contrôlera la mémorisation, et le maître interrogera des élèves au hasard pour s'assurer de l'assimilation.

Nicolas fait régulièrement des compositions, devoirs écrits qui, pour les aînés, doivent être présentés et argumentés oralement, devant professeurs, parents et magistrats de la ville. Brillant élève, ses "devoirs remarquables en éloquence, en mathématiques, en géographie, pour avoir obtenu le suffrage de ses maîtres, ont été conservés avec soin au collège, mis dans les bibliothèques de la ville d'Amiens, et principalement chez l'honorable Monsieur Dumont" (Th). Doué pour les lettres, Nicolas montre aussi un grand intérêt pour les sciences et techniques que l'on appelait alors "arts mécaniques". Il éprouve un vif désir d'apprendre, de savoir. Il en parlera plus tard comme "d'une sorte de libertinage d'esprit qu'il m'était difficile de réprimer" (Raf).

La formation religieuse donnée au collège est solide, plutôt austère. On y retrouve les thèmes majeurs des exercices spirituels de St Ignace, développés au catéchisme. Les élèves participent tous les jours à la messe, après les classes du matin, et ceux qui le désirent peuvent être membres de l'une des "congrégations" ou "sodalitas" qui se réunissent pour une prière, une formation, ou une action commune. Ces "congrégations" étaient le plus souvent vouées à la Sainte Vierge.

Les jeunes qui fréquentent le collège ne dédaignent pas les chahuts, ni les fêtes qui s'échelonnent tout au long de l'année au rythme du calendrier liturgique. Les mascarades du carnaval, bien que défendues par l'Eglise, ont leur succès; foires, jeux, cavalcades, vont bon train, du moins lors des fêtes votives ou des fêtes patronales. Il arrive qu'elles tournent en agitation ou révolte, lorsque les temps sont durs. Les séjours de Louis XIII ou de Richelieu à Amiens, s'ils sont dus à la guerre, n'en attirent pas moins les foules curieuses, tandis que les jeunes, prompts à monter à cheval, aiment courir aux remparts observer les soldats et leurs préparatifs pour les batailles.

La présence de Nicolas influence le comportement de ses camarades. Ils l'estiment et savent qu'il ne tolère pas que l'on jure ou que l'on dise du mal des autres devant lui. Très jeune, il a été saisi par Dieu, et il est poussé par un désir, un peu anxieux parfois, de perfection. Saint Louis de Gonzague qui, très jeune, fit voeu de virginité, est donné en modèle à leurs élèves par les Jésuites. Sans bien comprendre, sans doute, la portée d'un tel engagement, Nicolas fait cette même promesse à l'âge de dix ans. C'est un jeune épris d'absolu. C'est aussi un picard, fils de ce peuple que les siècles ont marqué d'une farouche indépendance. Fidèles, sincères, libres, parfois brusques et entiers, les picards ont souvent un sens affiné du réel. Leur grande capacité de réflexion abstraite, se joint à une volonté tenace d'aller loin, d'améliorer ce que d'autres n'ont fait qu'ébaucher.

Tel est sans doute Nicolas lorsqu'il termine ses études à l'âge de dix-neuf ans. Louis, son père, sait depuis longtemps qu'il ne pourra pas compter sur son fils, le seul garçon parmi ses cinq enfants, pour le seconder dans les affaires. Nicolas veut être prêtre. (Ce sera Marie, la dernière, qui, bien après la mort du père - vers 1643 - prendra, avec son mari Gabriel Benoît, la succession du commerce de la Place au Feurre, peu après la mort d'Antoinette, sa mère, survenue vers 1668.)

Louis Barré est profondément croyant et ne met pas d'opposition au désir de son fils de se consacrer totalement à Dieu. Amiens ne manque pas de couvents : Dominicains, Prémontrés, Chanoines de Saint Augustin, et les Jésuites, qui pouvaient espérer voir leur brillant élève les rejoindre. D'ailleurs, son cousin, Antoine, était entré dans la Compagnie en 1635. Nicolas avait d'abord pensé à une congrégation "dont les principaux emplois étaient de s'occuper à la conversion des pécheurs" (Raf). S'agit-il des Jésuites ? ou des Dominicains ? "Mais il en fut détourné, ayant appris qu'on n'y prononçait pas assez tôt, selon ses inclinations, les voeux de religion" (Raf). Voilà bien Nicolas : en vrai picard saisi par Dieu, il veut réaliser rapidement et concrètement son désir de se donner à Lui.

Il connaissait le couvent des Minimes, situé dans un quartier populaire proche de la maison familiale. Un de ses oncles, François, Minime au Couvent de Compiègne, était mort quand Nicolas avait huit ans. Dans la famille, on continuait à parler de lui et de sa vie pénitente. Nicolas a pris sa décision : il sera Minime. Son père prépare donc la dotation de 1000 livres qu'il etait de coutume de verser à l'entrée au noviciat. Et sa mère rassemble les quelques effets qui lui seront nécessaires. Ce n'est pas sans émotion qu'ils l'accompagnent jusqu'au couvent rejoindre les Fils de Saint François de Paule.

## CHAPITRE 2

## Nigeon-Vincennes, 1640-1642

Nicolas a dix-neuf ans. Il eût pu devenir un riche commerçant, un magistrat renommé, un chercheur scientifique célèbre; il frappe à la porte du Couvent des Minimes pour être admis comme postulant. Si leur devise "Charitas" peut attirer le jeune homme, si leur charisme de pénitence pour la conversion des pécheurs rejoint ses aspirations, sait-il qu'il entre dans un Ordre où, appelés à être "minimes" en tout, les Frères sont invités à n'étudier que pour répondre aux nécessités de la prédication ? "Dans toute l'étendue de l'Ordre" - écrivait François de Paule - "que jamais personne ne soit élevé à la dignité de docteur, ni à aucun autre degré de l'école". Nicolas, qui déjà faisait l'admiration des grands d'Amiens, va commencer à marcher, dans la petitesse, sur les chemins de la vraie grandeur.

Qui sont-ils, ces Minimes ?

François Martotilla, fondateur des Minimes, est né à Paola, en Calabre, au sud de l'Italie, le 27 mars 1416. Très jeune, il a commencé à mener une vie d'ermite, vouée à la prière et à la pénitence. Mais, très vite, il fut rejoint par d'autres jeunes hommes et se trouva ainsi, sans l'avoir voulu, à la tête d'une communauté laïque. Son amour des pauvres, sa prière, son don de guérison, firent étendre sa renommée au-delà des frontières. Le roi de France, Louis XI, malade, voulut bénéficier des dons du célèbre thaumaturge. Il lui fit demander de venir le trouver en son château de Plessis-les-Tours, ce que l'humble calabrais refusa. Louis XI fit alors intervenir le Pape Sixte IV qui, pour des raisons politiques, céda au désir du roi et ordonna à François de Paule (sous peine d'excommunication!) de partir pour la France. Ce dernier obéit et quitta la Calabre qu'il ne devait jamais plus revoir ; il avait soixante-sept ans.

Arrivé à Plessis-les-Tours en 1483, il n'obtint pas pour le roi la guérison que celui-ci espérait. Il l'aida, par contre, à accepter la perspective de sa mort, et à terminer sa vie d'une manière plus authentiquement chrétienne. Après le décès du roi, François de Paule continua à mener, dans les jardins de Plessis-les-Tours, la même vie érémitique qu'à Paola : solitude, prière, pénitence, accueil de tous ceux qui assiégeaient, dès le matin, sa cellule. "Per carità", disait-il, en priant pour eux et avec eux. Les guérisons et les conversions se multipliaient. Comme à Paola des disciples vinrent le rejoindre, et le roi Charles VIII leur fit bâtir un couvent. A la mort de Charles VIII (1498), le roi Louis XII continua à protéger l'Ordre naissant ; il lui laissa les bénéfices d'une partie de ses biens. A une époque de décadence de la vie religieuse, comme de la vie chrétienne chez les laïcs, la première communauté Minime apparaît comme une lumière pour l'Eglise d'Europe. Défenseur des pauvres auprès des grands et des rois, prêchant la conversion par une vie d'humilité, de pénitence et de charité, voué à la contemplation assidue, François de Paule montre, à un peuple qui n'a souvent de chrétien que le nom, le chemin du retour à Dieu. A sa mort, l'Ordre compte trente-deux couvents dont treize en France. Les Minimes sont aimés du petit peuple. On les appelle les "Bonshommes" - surnom déjà donné à François de Paule - en raison à la fois de leur bonté et de leur simplicité d'allure. Elle contraste avec celle de bien des religieux de cette époque, dont ils vont contribuer à réformer les monastères.

Au moment où Nicolas Barré frappe à la porte des Minimes, l'Ordre atteint son plus grand développement : quatre cent cinquante-sept couvents, dont cent quatre-vingt-dix en Italie et cent cinquante-six en France. Les Minimes continuent de bénéficier des faveurs de la famille royale. Si la plupart des couvents poursuivent l'humble vie Minime voulue par leur fondateur, l'aisance qu'assure "la fondation" royale et les multiples legs et donations font peu à peu de l'Ordre des Minimes un groupe de grands propriétaires terriens. L'attrait qu'exerce la vie intellectuelle, mais plus encore le besoin d'approfondir le rapport entre la Foi et l'explication scientifique du monde amènent certains d'entre eux à s'adonner brillamment à la science. Le Père Mersenne, le Père Maignan, le Père Niceron en seront les figures les plus célèbres. Et le couvent de la Place Royale à Paris est devenu, sous Louis XIII, un des hauts lieux du monde intellectuel.

Sait-il cela Nicolas Barré, en rejoignant les Minimes? On peut penser que ce jeune homme, dont les professeurs avaient admiré la finesse et la vigueur de l'esprit, la maturité et le poids de la prudence, a fait un choix mûrement réfléchi; un choix dicté par son attrait pour l'idéal de vie offert par François de Paule, par sa connaissance de la règle de vie des Minimes, et par le témoignage donné par les pauvres Minimes d'Amiens. Plus tard seulement il découvrira combien la richesse et la sécurité financière peuvent faire obstacle à l'oeuvre de Dieu.

Nicolas est admis en octobre, comme postulant, au couvent d'Amiens, chez ces "Bonshommes" qu'il connaît depuis son enfance, ayant parfois fréquenté leur chapelle. Le couvent avait été fondé du vivant de François de Paule en

1498. Lui-même avait désigné les religieux qui devaient former la première communauté. C'est l'évêque Pierre Versé qui les y avait appelés, et Louis de Hédouville avait fait don d'une partie de ses biens pour bâtir le monastère, qui reçut le nom de "L'Annonciade". Ce couvent semble avoir exercé un vrai rayonnement, si l'on en juge par le grand nombre de vocations Minimes venues d'Amiens et des environs. C'était un couvent relativement modeste en comparaison des grandes abbayes de la ville. Nicolas y fait un court séjour, destiné à vérifier la solidité de sa vocation, puis il est envoyé à Nigeon, près de Paris (actuellement Passy), sans doute vers décembre 1640 ou janvier 1641. C'est là qu'il sera initié à la vie Minime, la vie de ceux qui se désignent comme "les plus petits d'entre tous". Il reçoit l'habit de laine noire naturelle, dans la chapelle dédiée à Notre-Dame de Toutes Grâces.

Nicolas et les autres novices, Gérard Nourri, Adrien Druelle, Louis Toffart, François de Beaucourt, habitent une partie séparée de la maison, afin d'être uniquement adonnés à leur formation. Dès son arrivée, le novice est interrogé sur son attirance pour la vie de pénitence et de carême perpétuel, et sur son désir sincère d'être libéré de tout ce qui peut entraver son chemin vers Dieu. Car la pénitence est au centre de la vie Minime. Elle veut témoigner, dans l'Eglise et dans le monde, de cet avertissement évangélique : "Convertissez-vous, car le Royaume de Dieu est proche". Le chemin de la conversion où s'engage le Minime, et dans lequel il est formé à conduire les autres par la prédication et le sacrement de pénitence, peut se résumer en trois mots : prière, ascèse, charité.

La prière, outre la célébration eucharistique, s'exprime dans la célébration liturgique des Heures, en communauté, et dans l'oraison. "Ils se donneront de toutes leurs forces à la dévotion et à la prière, donnant aux paroles qu'ils utilisent tout leur sens, ouvrant ce sens à sa résonance affective, celle-ci à l'enthousiasme, l'enthousiasme à l'équilibre, l'équilibre à l'humilité, l'humilité à l'authentique liberté d'esprit", a écrit François de Paule dans la première règle. L'office divin commence à minuit au choeur, avec la prière des Matines, suivies de Laudes à quatre heures. Les autres Heures s'échelonnent durant la journée, jusqu'aux Complies à 18 heures. Le fondateur avait voulu une certaine sobriété jusque dans la récitation de l'office, qui se disait chaque jour sur le ton monotone adopté par l'Eglise en temps de carême.

Au noviciat, Nicolas se forme à l'oraison, "sommet de la vie religieuse", dit la règle. "La prière pure et assidue des justes est une grande force ; et, comme un messager fidèle, elle accomplit sa mission, pénétrant là où la chair ne peut parvenir". Dans cette priorité contemplative, François de Paule a transmis toute son expérience de silence, de solitude, de contemplation vécue dans la grotte de Paola. A l'école de son fondateur, le jeune novice apprend à puiser à une source qu'il ne délaissera jamais, ni dans les temps de crise et de doute, ni dans le plus fort de son activité apostolique. "La plupart des directeurs spirituels", dira-t-il plus tard, "se servent de livres pour s'aider dans leur ministère, c'est parfois bon, mais ce n'est pas le plus sûr! Ce sont souvent des citernes sèches, ou qui n'ont que des eaux mortes. Il vaut bien mieux aller à la source, et y puiser l'eau vive et vivifiante. Si le directeur n'est pas un homme d'oraison, où pourra-t-il prendre ce qu'il faut dire, conseiller, demander?" (MD 18)

Au noviciat, Nicolas apprend à marcher à la suite de Jésus à la manière de son fondateur, dont un compagnon, Etienne Joly, pouvait dire "sa vie est faite d'oraisons continuelles et de méditations". Cette vie avec Dieu, qui fait de Sa présence une réalité lumineuse ou obscure, mais continue, Nicolas l'avait commencée depuis longtemps. Le noviciat ne fait qu'en creuser le désir. Il en parlera plus tard dans sa correspondance : "Il faut chercher Dieu", écrira-t-il, "les autres grâces viennent ensuite. Mais, quand on pense être au bout, il faut recommencer, car jamais Il n'est si bien trouvé qu'on ne Le doive chercher davantage, et la seconde recherche est plus active que la première, et la troisième plus que la seconde... Plus nous Le possédons, plus nous sommes affamés!" Il décrira ainsi l'itinéraire de cette recherche de Dieu :

"Il Le faut chercher.

On Le trouve, mais de loin, et on ne fait que L'entrevoir.
On s'approche de Lui.
On Le regarde avec étonnement; puis on Le contemple avec humilité, et enfin avec amour et confiance.
On Lui parle.
On L'écoute.
On L'embrasse.
On Le serre.
On tombe amoureusement en Lui.
On se perd en Lui et enfin on se transforme en Lui " (L 4).

Le noviciat est aussi le rude apprentissage d'une vie pénitente, inspirée par l'amour. L'ascèse, pour les Minimes, est directement liée à la prière, elle est chemin de libération progressive pour atteindre la contemplation, avec un coeur humble et ouvert à Dieu seul. Elle conduit, si elle est vécue de manière évangélique, à une profonde expérience d'abandon : "Le Frère Minime, dans sa pauvreté, est le maître du monde", dit la règle, " et étant absolument abandonné à Dieu, il possède en Lui, dans la Foi, la seigneurie sur tous les peuples. "Cette ascèse est fuite de toutes les mondanités : "Vous détesterez les vanités mondaines, les honneurs, la renommée, le faste de ce monde qui passe, sa gloire et ses richesse périssables", disait François de Paule à ses Frères.

Cette vie pénitente est signifiée plus concrètement dans le quatrième voeu que Nicolas se prépare à prononcer comme tous ses Frères Minimes, le voeu de vie quadragésimale. C'est un engagement d'abstinence perpétuelle de viande, d'oeufs, de fromage, de laitages, à laquelle s'ajoutent de nombreux jours de jeûne. Ce régime - qui peut aujourd'hui étonner les diététiciens ou attirer les végétariens - ne prend son sens qu'au sein de la dynamique de la spiritualité Minime, car c'est pour vivre l'amour du Christ dans sa plénitude, et suivre son exemple, que François de Paule jeûnait, couchait sur une planche, se nourrissait d'herbes et de racines, acceptait d'être continuellement dérangé par ceux qu'il voulait consoler, édifier, convertir, guérir.

Nicolas Barré, tout au long de sa vie, ira très loin dans cette vie de mortification volontaire. Il s'imposera toutes sortes de pénitences, "mais sans que personne ne s'en rende compte" (Th). "Si le grain de blé ne meurt pas, il reste seul, mais s'il meurt, il porte beaucoup de fruit. De même, si le directeur spirituel n'est pas mort au monde et à lui-même, il ne portera qu'un fruit médiocre. C'est au prix de sa vie que Jésus a conduit l'humanité à se tourner vers son Créateur. Alors, que ne ferait pas celui qui est appelé à coopérer aux desseins de Dieu" (MD 15), écrira-t-il, rendant compte ainsi de sa propre expérience, sur ce chemin où, comme novice, il fait ses premiers pas. La règle, qu'il étudie, médite, approfondit, l'invite à tout quitter pour devenir un vrai disciple, et Nicolas s'y applique avec tout l'enthousiasme de sa jeunesse.

Si le noviciat ne comporte pas de temps donné à l'apostolat ou "aux oeuvres de charité", il y prépare les Frères en les enracinant dans l'amour du Christ. Or c'est bien l'ardent désir de servir, de travailler à la conversion des pécheurs qui motive l'entrée du jeune homme chez les Minimes; ce désir se fortifie tandis qu'il se dirige vers la profession solennelle des quatre voeux. Vers la fin de cette année de formation, comme le veut la tradition de l'Ordre, il réitère plusieurs fois sa demande d'être admis à prononcer les voeux. N'est-ce pas une grâce dont chacun peut s'estimer indigne? "Minime indigne" signera-t-il bientôt au bas de ses lettres, comme d'autres de ses confrères.

Le 31 janvier 1642, en la chapelle de Notre-Dame de Toutes Grâces, il prononce ses voeux solennels. Puis le jeune religieux est envoyé dans le couvent de Sainte Marie des Rois, au village de Vincennes, près de Paris, pour s'y préparer à la prêtrise. C'est un couvent pauvre, implanté dans un quartier populaire. Il y restera dix-sept mois, poursuivant sa formation. Le 27 février 1643 il est admis au sous-diaconat, et en septembre, il quitte Vincennes pour Paris.

La clôture plus stricte de ces années de formation n'a pas empêché le jeune homme d'avoir des échos des événements qui continuent d'agiter le pays. La guerre se poursuit; la tension monte contre Richelieu qui meurt en 1642, suivi de peu par Marie de Médicis, mère de Louis XIII, et par le roi lui-même l'année suivante. Est-ce une page qui se tourne pour ouvrir une ère de paix ? Louis XIV n'a que cinq ans. Sa mère, Anne d'Autriche, assure la régence, aidée de l'ambitieux Mazarin, ce nonce italien, naturalisé français, introduit au gouvernement par Richelieu. Tout reste à craindre.

L'Eglise elle-même est agitée par toutes les discussions et les tensions que provoque la condamnation, par Rome, des thèses jansénistes de l'Augustinus. Les tensions sont particulièrement fortes autour de l'abbaye de Port-Royal dont Saint-Cyran a fait le foyer de la tendance "pure et dure" du Jansénisme. Ces troubles, qui dureront plusieurs années, n'épargnent aucune communauté monastique : en 1650, les Minimes, réunis en chapitre, affirmeront leur fidélité à Rome en déclarant officiellement leur refus des douze thèses jansénistes.

Dans leur désir de promouvoir le renouveau spirituel par la conversion, les Minimes se sont sans doute réjouis de voir enfin, après bientôt un siècle, mûrir en France les premiers fruits du Concile de Trente. L'Italie et l'Espagne s'étaient montrées plus promptes à l'accueillir. Au moment où Nicolas arrive à Vincennes, pour se préparer à la prêtrise, Monsieur Olier, curé de la paroisse Saint Sulpice, à Paris, commence à former des prêtres qui seront chargés des séminaires. On entend aussi dire le plus grand bien des Prêtres de la Mission que Monsieur Vincent envoie prêcher dans les campagnes.

Nicolas avait précisément choisi un Ordre spécialisé dans l'évangélisation des milieux populaires, qui permettait aux jeunes hommes qui le rejoignaient de se dédier, sans trop tarder, à cet apostolat. Il se sent prêt à assumer une telle mission. Il désire être du nombre de ces apôtres, qui commencent à se lever dans l'Eglise de France, pour faire sortir son peuple du triste état où il se trouve. Or ce n'est pas à ce petit peuple que ses supérieurs vont l'envoyer. Ils ont remarqué la brillante intelligence du jeune religieux, sa capacité étonnante de discernement, la sûreté, la clarté et la simplicité avec laquelle il traite les questions de théologie et de philosophie. Pour eux, sa place est tout indiquée : l'illustre couvent de la Place Royale.

# CHAPITRE 3

## Place Royale, 1643-1657

Les Minimes étaient arrivés à Paris dans des conditions très modestes en 1605. Ils manquaient des ressources nécessaires pour se bâtir un couvent. Après la mort d'Henri IV, Marie de Médicis voulut être la "fondatrice" du monastère que les "Bonshommes" voulaient construire dans la capitale, c'est-à-dire qu'elle lui attribuait de manière régulière quelques-uns de ses revenus. D'autres généreux donateurs se joignirent à la reine. Les plans étaient vastes, et la construction fut lente en raison des troubles politiques.

Lorsque Nicolas est envoyé au couvent, en 1643, l'église n'est pas encore terminée. Elle le sera sous ses yeux dans les années qui suivent son arrivée au monastère. Elle est l'oeuvre du célèbre architecte Mansart, qui achève alors la construction du splendide portail. Les meilleurs peintres de l'époque, Mignard, Jouvenet, ont contribué à sa décoration. Située dans le quartier aristocratique du Marais, aux majestueux hôtels particuliers, elle est fréquentée par la haute société. Les plus grands seigneurs ambitionnent d'y avoir un monument funéraire, dans l'une des chapelles latérales. Des prédicateurs de renom s'y font entendre.

Si l'église et le couvent sont fréquentés par des croyants sincères, ils sont aussi un lieu à la mode, en raison de la faveur royale dont ils bénéficient. La reine y vient parfois à Vêpres, ameutant les curieux, et il arrive que des seigneurs et des Dames de la cour s'y donnent des rendez-vous galants : leurs bavardages et leur tenue font scandale. On se rend quelquefois au sermon comme au théâtre, pour y entendre un orateur plus que pour accueillir la Parole de Dieu. En 1647, les religieux doivent embaucher un suisse pour empêcher les insolences et les importunités des gueux, mais ce sont les galants et les courtisans qui, en 1654, sont mentionnés dans les annales du couvent : il faut, cette année-là, faire intervenir la police pour arrêter les scandales et causeries dans l'église, particulièrement les dimanches et les fêtes.

Par ailleurs, au couvent de la Place Royale, la vie Minime n'est sans doute pas facile à pratiquer dans toutes ses exigences. Certains religieux font partie de l'élite intellectuelle. Ils sont consultés par des prélats, des savants, des gens bien vus à la cour. Madame de Sévigné, fine observatrice des moeurs de l'époque, leur reproche de devenir eux-mêmes des courtisans : quelques religieux Minimes ont écrit une thèse, dédiée au roi, qu'ils comparaient à Dieu! "Mais", écrit-elle, "le texte est ainsi fait qu'on voit clairement que Dieu n'est que la copie!".

Il est cependant, Place Royale, des Minimes pour refuser de se laisser entraîner dans cette voie peu conforme au désir de l'humble ermite de Paola. Ainsi, le Père Charles Le Roy, trop applaudi comme prédicateur au gré de son humilité, a-t-il abandonné la chaire pour se consacrer à la catéchèse des gens simples et composer pour eux un catéchisme.

La personnalité qui, sans doute, contribue le plus à la renommée du couvent de la Place Royale est celle du Père Mersenne. Homme de petite taille, au dos voûté, aux yeux noirs pétillants, très versé dans la Bible, auteur de nombreuses publications scientifiques, il est en relation avec Descartes et des savants de toute l'Europe. Ami de Pascal, il se donne avec passion à toutes sortes de recherches et d'expériences, en mathématiques, en physique, en musique : la pesanteur, la fréquence des sons, font tout particulièrement l'objet de ses expériences. Tous les dimanches matin, il tient réunion dans sa cellule avec les plus grands esprits que compte Paris; d'autres savants confrères se joignent à eux, tel le Père Jean-François Niceron, illustre mathématicien et opticien. On y discute de toutes les questions que le Père Mersenne formule avec talent en vue de promouvoir la recherche et de faire partager sa conviction : les connaissances et la science peuvent être un chemin vers Dieu; la raison et l'intelligence, loin d'être un obstacle à la Foi, peuvent en être le soutien. Le système mécaniste dont il est l'auteur, très contraire à la philosophie thomiste officiellement adoptée par l'Eglise, est l'objet de vigoureux débats.

On comprend donc que les supérieurs de Nicolas Barré, appréciant "l'étendue et la pénétration de son intelligence" (Raf), l'aient envoyé Place Royale alors qu'il n'est encore que scolastique : il peut ainsi achever sa préparation à la prêtrise, en collaborant à la mission qu'assume une partie de la communauté auprès des élites intellectuelles. N'a-t-il pas montré, dès sa jeunesse, "une ouverture générale et très facile pour toutes les sciences les plus élevées, et pour comprendre les principes de tous les arts, soit libéraux, soit mécaniques, se faisant un singulier plaisir de raisonner sur tout avec toutes sortes de personnes. Aussi disait-il souvent qu'il était utile à un homme apostolique de tout savoir, afin de se servir de tout pour gagner tout le monde à Dieu" (Th).

Le jeune Minime trouve donc, Place Royale, les meilleurs maîtres, et il ne fait aucun doute qu'il suscite leur admiration. "Il pénétra bientôt", écrit encore Raffron, "dans les profondeurs de la philosophie et de la théologie, et s'avançant très avant, il découvrit, à l'aide de la vivacité de son esprit, tant de si belles doctrines qu'il n'avait pas reçues de ses maîtres, que tous le regardaient comme devant se faire un grand nom dans ces hautes spéculations de la pensée". Un autre de ses confrères, le Père Thuillier, donne le même témoignage : "dépassant bientôt le niveau de tous ses condisciples, il s'éleva à des sommets où ses professeurs eux-mêmes n'auraient pu le conduire. On commença à prévoir que ce jeune religieux se ferait un grand nom par son étonnante facilité de pénétrer, comme instantanément, les secrets de la science. Les témoins et les admirateurs de sa prodigieuse facilité se demandaient si ce jeune homme apprenait réellement, ou si, comme on l'a dit de Platon, il semblait simplement se souvenir d'avoir appris!".

Aussi, dès 1644, à vingt-trois ans, avant même son ordination, qui se situe entre octobre 1645 et septembre 1646 (les registres ont disparu), il est chargé d'enseigner la philosophie à ses confrères plus jeunes. Très vite, le champ de ses responsabilités s'élargit. Le nouveau prêtre reçoit comme mission celle de tout Minime, à savoir la prédication et la confession. Dès 1647 il est professeur de théologie et, à trente ans, il reçoit le pouvoir d'entendre les religieux en confession. Enfin, en novembre 1653, outre son emploi de professeur de théologie, il est nommé bibliothécaire. Il a la responsabilité de la sélection des livres et manuscrits pour une bibliothèque de quinze mille volumes. C'est un lieu de rendez-vous de chercheurs dont il guide le choix d'ouvrages. Par ailleurs, sa charge lui donne l'occasion unique d'élargir ses propres connaissances.

Quelle contradiction apparente entre les aspirations d'humilité et de pénitence du jeune homme qui frappait à la porte des Minimes d'Amiens, laissant derrière lui la carrière que lui ouvraient sa famille et ses études, et la célébrité qui commence à entourer le jeune Minime! Mais il sait, et il le dit, que les savants sont comparables aux grands étangs dont les eaux paraissent beaucoup. Sans une aide particulière de Dieu, elles finissent par être polluées (MTP 145). Il écrira, fidèle en cela à François de Paule, "La science est un grand obstacle à la sainteté. Elle est utile, en ce qu'elle éclaire les consciences, mais aussi, elle enfle, elle nourrit l'amour propre et l'orgueil, et les vices de l'esprit sont plus difficiles à vaincre et à guérir que ceux du corps. Pour être tout à Dieu, il faut être le plus petit" (MTP 144).

"Béni sois-Tu, Père, Toi qui caches Tes secrets aux sages et aux savants et les révèles aux tout-petits". Rares sont les sages et les savants qui le comprennent. Ceux-là sont des saints.

Nicolas s'avance sur ce chemin, mais c'est au prix de rudes combats : ceux de la prière et de la pénitence. Chaque jour, il consacre trois ou quatre heures à la prière, et quand ses responsabilités se font plus pesantes, que ses journées se font trop courtes, il raccourcit ses nuits pour s'adonner à l'oraison. Une lettre qu'il écrira plus tard à un religieux ami, Etienne, comme lui professeur de théologie, nous livre quelque chose de la manière dont lui-même exerce cette charge. "Enseignant la théologie, il faut que vous vous sentiez dans une dépendance toute particulière de Dieu, en vous efforçant de vivre selon les vérités éternelles. Et quoi que vous fassiez, ne supprimez jamais l'oraison un seul jour. Sans elle tout va de travers, et si pauvre qu'elle puisse être, elle nous anoblit, nous soutient, nous procure en secret, peu à peu, de grandes bénédictions qui nous manquent sans elle. Ne craignez pas que vos études en souffrent, au contraire, elles en prendront une noblesse, une étendue et une solidité toute particulière. Le contact avec Dieu dans l'oraison, vous le savez et vous le saurez de plus en plus, apporte une connaissance divine bien plus haute, et fait un effet bien autre, que ces livres morts, de papier, qui sont entre les mains des savants" (L 18).

Le pays connaît des années difficiles qui ne sont pas sans affecter le couvent de la Place Royale. Voilà le témoignage qu'en donne Angélique Arnaud, abbesse de Port-Royal, en 1652. "La France est toute désolée : il n'y a point de province qui ne souffre à l'extrémité. Paris et ses environs sont les plus maltraités. Tous les villages d'alentour sont entièrement déserts, et ce qui reste d'habitants sont retirés dans les bois, les autres étant morts de faim ou ayant été assommés par les soldats... On a été contraint d'ouvrir l'hôpital Saint-Louis pour mettre les blessés qu'on apporte des armées qui se sont horriblement battues à Etampes, dont les environs sont dans une destruction et une désolation incomparables, car tous les blés y sont perdus, les vignes arrachées, les villages brûlés... Le besoin de farine est si grand à Paris, que le pain y vaut déjà, tout le plus noir, dix sols la livre. Nous n'en avons plus que pour cinq jours. Nous avons du blé mais on ne peut le faire moudre qu'avec une très grande peine, à cause des soldats qui volent les moulins".

Toutefois le couvent parisien des Minimes, grâce aux nombreuses fondations de messes dont il bénéficie, ne connaît pas cette pénurie. Comment aurait-il pu autrement satisfaire son ambition architecturale ? Cette richesse du monastère, comme des autres couvents du quartier, n'est pas sans provoquer quelques tensions, parfois même des conflits, avec le clergé local chargé de la paroisse Saint Paul. Lorsqu'en 1641, Maître Mazure, juriste et docteur en théologie, est nommé curé de cette paroisse, sur laquelle est situé le couvent des Minimes, il est bien décidé à mettre fin à une longue histoire de rivalités dont certains épisodes sont déjà allés jusqu'à nécessiter l'intervention de Rome, il y a une douzaine d'années. En effet, en multipliant les prêches, les messes, les confessions, en accueillant dans leur chapelle les funérailles, les religieux privent les paroisses d'une source importante de revenus.

L'Abbé Mazure, dont la force de caractère est bien connue, a été chargé par ses confrères des paroisses avoisinantes, d'agir en leur nom pour faire cesser de telles pratiques. Il a porté le problème devant le Parlement en 1641 et le conflit, qui s'est cristallisé entre Maître Mazure et les Minimes, ne trouvera une solution définitive qu'en 1658. Il marque profondément les années parisiennes du jeune Nicolas.

Chaque fois qu'un défunt est transporté chez les Minimes, les difficultés ressurgissent. On va parfois jusqu'à se battre dans la rue autour du cercueil. Le curé de Saint Paul essaie, par tous les moyens, d'affirmer son autorité sur les Minimes. Mais ceux-ci sont jaloux d'un statut qui leur confère une totale autonomie par rapport aux paroisses et au clergé séculier, et ils entendent bien le montrer. Ainsi, quand Maître Mazure leur ordonne de faire un reposoir pour la procession du 30 mai 1644, devant leur chapelle, les Minimes se contentent d'encenser le Saint Sacrement lorsque la procession elle-même passe devant la porte du couvent. Et, dans la foule, on sourit ou l'on ricane selon le parti qu'on a pris. En 1645 le Parlement publie un décret pour régler les rapports entre paroisses et couvents, privilèges, obligations, organisation des funérailles et processions, de manière à en partager les frais et les revenus. Mais, jusqu'en 1658, religieux et curés connaîtront des relations conflictuelles.

Nicolas en souffre. Ces rivalités, ce désir de l'argent et des richesses, qui pervertit jusqu'au culte que l'on prétend rendre à Dieu, est un contresens absolu du message évangélique. Dans ce contexte difficile, au-dedans comme au-dehors, il prie, il prie beaucoup, certains diront, avec excès.

A l'insu de ses confrères, il lui arrive de passer des heures de la nuit dans la chapelle obscure et froide. Il ne s'estime pas différent de ceux qui l'entourent. Lui-même a besoin de conversion : "Seigneur, enlève sa dureté à mon coeur de pierre, brise-le, pulvérise-le, repétris ensuite cette poudre pour en faire une nouvelle pierre, car la véritable pierre, c'est le Christ. Donne-lui une fermeté surnaturelle pour le bien, au lieu de la dureté naturelle qu'il avait auparavant" (MTP 15).

Il s'engage dans la vie pénitente avec son caractère entier et épris d'absolu. La règle ne prescrit pas la pratique des instruments de pénitence - discipline ou cilices - par l'usage desquels on croyait pouvoir maîtriser les passions. Cependant la pratique en est fréquente chez les Religieux à cette époque, soit dans le désir de supprimer en eux les obstacles dans leur recherche de Dieu, soit dans celui d'offrir leurs souffrances pour la conversion de ceux qui sont confiés à leur ministère.

Le Père Barré était de ceux-là. Mais, qui aurait pu le croire en voyant cet homme affable et toujours disponible ? Il pratique pourtant la pénitence et la mortification au point d'ébranler sa santé. Il dort peu, parfois assis devant sa table, et non couché sur la planche qui lui sert de lit. Il mange mal, mêlant quelquefois, comme d'autres, des cendres à sa nourriture. Ses forces diminuent. Il tombe malade, et ses supérieurs commencent à s'inquiéter. Lui se contente de rassurer en souriant : "C'est un état qui fait beaucoup de bien à mon âme". D'ailleurs Saint Paul le fait dire à Jésus : "Ma force se manifeste dans ta faiblesse" (Th). Mais sa santé se délabre au point de gêner son ministère, Il en vient à parler difficilement, à ne plus pouvoir supporter les conversations, ni s'appliquer à l'étude. Dépression, dirait-on aujourd'hui... Cette fois, les supérieurs lui interdisent toute pénitence. C'est un ordre. Il accepte en pensant que "l'obéissance vaut mieux que le sacrifice". Si l'on considère les choses d'un point de vue purement humain, il est déjà trop tard. Jamais plus Nicolas ne retrouvera une santé solide. Les maladies "longues et aiguës", et leurs traitements douloureux, jalonneront son existence.

Mais, plus profondément, Nicolas est entré dans la terrible épreuve du doute angoissé qui, en lui, s'est lentement insinué. Lui, l'esprit lumineux dont les paroles éclairaient les étudiants avides de savoir, ou les foules qui se pressaient dans la chapelle du couvent, lui dont l'Ordre rêvait de faire un phare pour ce siècle, il s'enfonce dans la nuit.

La décision est prise par le provincial de l'envoyer à Amiens. Là, espére-t-on, l'air natal et "l'absence de toutes les spéculations intellectuelles qui" - pense-t-on - "lui ont altéré la santé", lui permettra de reprendre des forces. La ville d'Amiens est aussi plus calme que n'avait été Paris tout au long de son séjour Place Royale. De 1648 à 1652 en particulier, l'agitation avait été très forte dans la capitale. La montée des impôts justifiée par les guerres, la centralisation du pouvoir absolu abrogeant les prérogatives des familles nobles, l'impopularité de Mazarin, avaient préparé le terrain à la guerre civile. Le Parlement, les princes et le peuple parisien s'unirent contre le pouvoir. Ce fut "La Fronde", avec ses barricades et ses combats de rues dans la capitale. Durement réprimée, "La Fronde" fit de nombreuses victimes et laissa bien des ruines. S'éloigner de Paris, de son agitation politique et intellectuelle serait bénéfique pour le jeune religieux. Il quitte Paris pour Amiens au début du mois de septembre 1657.

# CHAPITRE 4

## La nuit, Amiens 1657-1659

Comment comprendre la crise que traverse le religieux Minime qui, apparemment, semblait si fort dans sa foi? Sans doute la relecture de son propre itinéraire - il la fera lui-même dans certaines de ses lettres - transformera l'épreuve en un temps de grâce : sans elle il n'aurait pas vécu la profondeur mystique de la relation à Dieu qui fut la sienne, sans elle, il n'aurait pas pu conduire vers Dieu tant de personnes qui Le cherchaient en vain, sans elle il n'aurait peut-être pas tenu face aux oppositions qu'il rencontra dans son oeuvre d'éducation populaire. Sans doute... mais cette vue est de l'ordre de l'après-coup, quand le sens s'illumine, et qu'alors, à nouveau, l'on peut marcher dans cette nuit, sachant comme sans savoir qu'elle est "excellent jour"...

Mais qu'est-ce qui a conduit Nicolas Barré jusqu'à cette nuit angoissante du doute? Nous ne pouvons faire ici que des hypothèses, sans pouvoir en confirmer aucune et, après les avoir formulées, nous éloigner en silence, respectant le mystère des chemins de Dieu dans le coeur d'un homme.Faut-il penser que le milieu où il a grandi, l'éducation qu'il a reçue, ont pu le rendre sujet à des tensions excessives? Fils unique, aîné de quatre filles, enfant sensible, aimant la solitude, il a vécu son enfance et sa jeunesse dans un climat familial probablement serein mais dans un environnement de guerre, de peur, d'incertitude, qui put être générateur d'angoisse.

A l'école du Père de Saint-Jure, au collège d'Amiens, il a reçu une formation chrétienne solide, centrée sur la personne du Christ, mais une formation exigeante, austère, qui appelle au renoncement total de soi : appel à s'identifier au Christ, à communier à Celui qui est le seul adorateur "en esprit et en vérité", et à se perdre en Lui pour se retrouver en Dieu. Cette incorporation au Christ, dont Bérulle a fait le centre d'une spiritualité qui marquera tout le XVIIe siècle français - au point que l'on pourra parler d'une "Ecole Française de Spiritualité" - lui a été présentée comme un idéal qui nécessite un dur combat avec soi-même. De Saint-Jure conseillait de former des actes de désir de sainteté éminente, même impossible, pour s'enhardir et oser entreprendre davantage. Enfant, Nicolas a pris cette invitation très au sérieux. Il consacrait plus de temps à la prière que ne le faisaient les jeunes de son âge; il ne se contentait pas de faire les "petits sacrifices" que toute mère chrétienne recommande à ses enfants. Sans en être bien conscient peut-être, il cherchait plus à conquérir la sainteté qu'à la recevoir. Ne faut-il pas se faire de "grandes violences", disait Saint-Jure, "pour entrer dans les contentements du Créateur, d'autant plus grands, plus purs, plus solides, que Dieu, qui seul est l'Etre et la Source de tous les biens, surpasse la créature qui n'est que vanité et néant"?

Faut-il évoquer la mort de son père et la nouvelle situation familiale qu'elle entraîne? Son père mourut dans les premières années de sa vie religieuse, sans doute en 1643, laissant sa mère seule avec ses quatre soeurs, pour assumer la responsabilité du commerce. Nous ne savons pas comment cet événement fut porté par Nicolas, mais certainement pas sans souffrance, ni sans questions sur sa décision d'entrer au monastère.

On peut aussi s'interroger sur les chemins suivis par le jeune Minime dans sa recherche de la sainteté. A-t-il compris qu'elle est don de Dieu, ou bien est-il tendu, trop tendu, dans sa recherche de Dieu et sa manière de se donner à Lui? Sa marche vers la vie de Dieu ne serait-elle pas vécue davantage comme un effort ascétique que comme ouverture à un don gratuit? On peut le penser. Pour vivre le passage de l'un à l'autre, il faut accepter de tout perdre, et surtout de perdre l'illusion de sa propre ascension vers Dieu; il faut apprendre à recevoir d'un Autre l'amour à partager. Car, ce qui est rédempteur, ce n'est pas la souffrance, mais la volonté d'aimer jusque dans la souffrance. C'est seulement après l'épreuve que Nicolas pourra écrire : "L'amour divin veut choisir ceux qu'il Lui plaît pour ses bien-aimés. Il ne peut supporter que nous prétendions monter jusqu'au point que nous voulons. C'est l'amour propre qui nous porte à agir ainsi. Non, non, ce n'est pas comme cela qu'il faut s'y prendre. Il suffit de nous présenter devant Lui, et de vouloir être à Lui. Ensuite, en sachant que nous ne sommes pas dignes d'être tant aimés, il faut nous appliquer à servir, façonner, cultiver ceux que son amour souverain appelle à devenir ses véritables enfants. Car c'est Dieu qui fait les saints. Beaucoup de personnes veulent servir Dieu, mais la plupart ne veulent pas que Dieu se serve d'elles. Il faut être dans les mains de Dieu comme un pinceau dans celle d'un peintre, et comme une plume dans celle d'un écrivain. Remarquez que la plume pour bien écrire, est souvent coupée, tranchée, taillée" (MP 31).

Tension excessive vers une perfection à acquérir ou conséquence d'un excès dans les pénitences? Le Père Thuillier signale aussi l'excès du travail intellectuel. Il pouvait être cause, selon certains de ses confrères, de son "état de langueur". Certes, il ne s'était pas ménagé dans sa tâche de recherche et d'enseignement. Il avait acquis une connaissance très profonde de la Bible et des Pères de l'Eglise. Il avait étudié la Somme Théologique de Saint Thomas d'Aquin, lu les mystiques rhéno-flamands et espagnols. Il connaissait les oeuvres d'Ignace de Loyola, de François de Sales. Il avait fréquenté les écrits du Cardinal de Bérulle. Il s'était intéressé aux chercheurs scientifiques les plus illustres. Il avait lu Luther, Calvin, leurs critiques des dérives catholiques, mais aussi leurs affirmations sur la prédestination et l'impuissance à gagner son salut ou même à y collaborer, et leurs interrogations face à la souffrance. Il s'était engagé dans la lutte contre les excès du Jansénisme, dont la vision pessimiste et moraliste de l'existence, et l'idée d'un salut limité à une minorité, faisaient régner un climat de crainte dans la pratique religieuse. Mais, à réfuter un courant philosophique ou religieux est-on pour autant protégé du martèlement des coups de boutoir du soupçon qu'il provoque? Est-ce là la source du questionnement intérieur que vit Nicolas ? Totale déstabilisation intérieure pour celui qui a tout misé sur Dieu. Les années vécues au couvent de la Place Royale, de 1643 à 1657, ont marqué sa brillante ascension intellectuelle; elles ont été en même temps une sorte de "descente aux enfers", et cela bien avant que ses confrères s'en rendent compte. Il faudra du temps, à celui qui s'enfonce dans la nuit, pour découvrir que ce chemin de dépossession n'est autre que celui de la Foi : quand tout autour de soi nie le Dieu auquel on croit, quand au fond de soi-même on ne sait plus si l'on croit, et que cependant, on croit.

"Il se fatigue trop", disent seulement la plupart de ses confrères. Certains d'entre eux se sont-ils posés la question des contradictions que pouvait ressentir le jeune Minime entre ses aspirations et la vie du couvent de la Place Royale ? Alors que bien des pauvres à Paris vivaient misérablement, le couvent était le lieu de rendez-vous des grands de ce monde. Alors que Vincent de Paul, en 1656, ouvrait l'hôpital général pour accueillir des foules de mendiants et de malades, alors que Bourdoise créait une association de prière pour que naissent des vocations de maîtres chrétiens pour le peuple, les Minimes de la Place Royale bénéficiaient des faveurs du roi et des princes pour embellir leur église. Ces faveurs avaient d'ailleurs exposé le couvent à des représailles de la part de la population : durant la Fronde, il fut envahi et fouillé à deux reprises (31 janvier et 24 février 1649) par des opposants, persuadés qu'une maison, tellement en faveur auprès de la reine, devait cacher des trésors. Alors qu'à Saint Sulpice, Olier déployait ses efforts pour une pastorale renouvelée en faveur du petit peuple, les Minimes - comme d'autres religieux dans leur quartier - étaient en conflit avec le curé de leur paroisse et portaient leurs démêlés jusqu'au Parlement.

L'Ordre lui-même connaissait des tensions : pressions politiques pour l'élection d'un supérieur général, le Père Bachelier; procès de la province de France auprès du Pape pour le démettre, interventions du roi dans les élections; centralisation et limitation de la participation, alors que l'Ordre avait une tradition démocratique poussée; excommunication d'un provincial par l'ex-supérieur général démis... Les rivalités étaient nombreuses dans les provinces de l'Ordre, de même que les tensions à l'intérieur du couvent de la Place Royale. La célébrité de quelques Pères, la notoriété du couvent, sont désapprouvées par ceux qui, dans la communauté, restent profondément attachés à l'humble vie Minime.

Cet état de fait a profondément marqué le jeune Nicolas. Il a trente-six ans. Voici treize ans qu'il a tout quitté, animé d'un idéal de sainteté dans le service du Christ, pour la conversion des pécheurs. Et tout s'est effondré :
– il a voulu une vie humble, on veut en faire un maître en théologie;
– il a désiré la vie Minime où tout doit être marqué par la

pauvreté, la petitesse, la simplicité, le voilà dans un couvent qui, pour une part, est devenu le lieu de rendez-vous des savants, mais aussi des galants et des pédants;
– il voulait être apôtre du peuple, on en fait un bibliothécaire;
– il est malade : la pénitence qui est au coeur de la vocation Minime lui est interdite;
– il a étudié, beaucoup étudié pour pouvoir conduire les autres à Dieu, et le voilà lui-même saisi par le doute.

Il faut bien en arriver à décrire cette crise spirituelle. Sans doute seuls ceux qui ont parcouru eux-mêmes ces chemins peuvent vraiment saisir les expressions fortes que le religieux Minime a utilisées pour dévoiler quelque chose de son expérience. Elles font écho à celles de Jean de la Croix et de tant d'autres mystiques. "J'ai été conduit à devenir juste aux yeux de Dieu, par des chemins si inusités et qui surpassent tellement les forces de la nature humaine, que vous en seriez effrayé, ou ne me croiriez pas, si je vous les racontais. Dans ce temps-là, si je regardais la terre, je voyais comme d'horribles gouffres, prêts à m'engloutir, si je regardais vers le ciel, il m'apparaissait de fer et d'airain, si je cherchais parmi les hommes des consolateurs, je n'en trouvais aucun, ils ignoraient mon malheur; si je descendais en moi, je ne trouvais que les plus épaisses ténèbres, les doutes et la confusion dans les choses de la Foi, à tel point qu'il me semblait ne plus croire même à l'existence de Dieu que tout, cependant, nous prouve et nous confirme. En haut, en bas, à l'intérieur, au-dehors, partout des terreurs; des consolations, nulle part, parce que nulle part la lumière de la Foi ne se faisait pour moi" (Th).

"Depuis douze ans surtout, j'avais espéré mon salut éternel de la divine miséricorde, et tout en sachant que j'en étais indigne, j'en avais une ferme assurance. Mais je suis maintenant accablé par l'angoisse, et je n'ai presque plus d'espoir d'être compté parmi les prédestinés. Au contraire, il me semble voir en moi des signes tangibles de réprobation. Je rends les autres certains de la miséricorde de Dieu, et moi, hélas, tout m'effraie et me menace de la justice. Je dois chercher à distraire mes pensées pour n'être pas totalement écrasé sous l'angoisse. Je ne comprends pas comment les autres daignent m'adresser la moindre louange, et quand bien même ils me porteraient à l'église comme un saint, ils ne pourraient réussir à m'arracher du coeur l'opinion basse et infime que j'ai de moi. Ces agonies, ces angoisses semblent me pousser jusqu'au désespoir, au découragement, au blasphème, à l'athéisme, à l'abandon de Dieu. Et pourtant, j'emploie et je pousse tout ce que j'ai de Foi, d'Espérance, d'Amour, de patience et de courage, en criant vers le Paradis et néanmoins, aucune assurance que mes cris soient entendus" (L 54).

"Seigneur, Vous me tourmentez excessivement! Pourquoi m'avez-Vous rendu contraire à Vous? Pourquoi suis-je devenu insupportable à moi-même? Pourquoi me persécutez-Vous quand je ne veux plaire uniquement qu'à Vous? Cependant que votre volonté soit faite et non que la mienne s'accomplisse. Mon coeur est prêt, Seigneur, oui, mon coeur est prêt!" (Th).

Consentir, consentir à la nuit et continuer à espérer et à croire. Ce n'est pas un chemin que l'on parcourt en quelques jours. Pour tenir, que fait Nicolas ? Il le dira lui-même, conseillant ceux qui traversent l'épreuve : réalisme, humilité, abandon. Il poursuit, autant et aussi bien qu'il le peut, toutes les tâches qui lui sont confiées. Il prie davantage, comme le Christ au moment décisif de la Passion, au Jardin des oliviers. Il réaffirme sa Foi, aussi bien au secret de son coeur qu'en paroles, lorsque l'occasion lui en est offerte. Et puis surtout, peu à peu, il apprend à s'en remettre à Dieu avec confiance. Comme la cananéenne de l'Evangile il sait que ne pourront lui être refusées - on les donne bien aux petits chiens - quelques miettes qui tombent de la table du maître. Il apprend à tout recevoir comme permis par Dieu, à tout accueillir comme venant de la main de Dieu.

Dans la nuit, à tâtons, il apprend "la patience humble et tranquille" à l'égard de lui-même. S'il continue à se faire violence, ce n'est plus dans des pénitences extraordinaires, mais "doucement et discrètement", simplement "pour tenir et continuer".

Alors une nouvelle prière lui monte aux lèvres, une prière qui le soutiendra tout au long de son existence, dont on ne sait si elle a été un jour délivrée du doute.

"Seigneur, je ne veux plus rien, je ne désire plus rien,
pour me mettre en état de désirer ce que Vous voulez,
comme Vous le voulez.
Vous me voyez, mon Dieu. Vous Vous occupez de tout,
Vous présidez à tout ce qui me concerne,
à tout ce qui m'arrive.
Rien n'échappe à Votre adorable conduite sur ma vie,
et cela me suffit.
O Jésus, ô Amour !
Vous êtes mon Dieu et mon Tout !
Centre et immensité de bonté et de grandeur !
Seigneur, à Vous de désirer en moi, agissez, arrangez tout
comme il Vous plaira
et je tâcherai de désirer, d'agir et de Vous suivre en tout,
et partout, sans réserve et sans limite.
Enfin, Seigneur, je veux être à Vous, totalement,
plus de partage, plus de division,
ni dans la vie, ni dans la mort, ni dans la détresse,
ni dans la tendresse, ni sur la terre, ni au ciel.
Mon Bien-Aimé est tout à moi, et je suis à Lui, à jamais!
O Jésus ! ô Amour !" (L 12).

A Amiens, durant deux ans, Nicolas sera sacristain afin d'éviter toute fatigue intellectuelle : une tâche qui le laisse goûter le silence qu'il a toujours aimé. Sa santé ne lui permet pas de suivre la règle dans toute son intégrité. Il est dispensé de l'office de nuit, et bénéficie sans doute d'un régime alimentaire particulier. Sa mère et ses soeurs lui rendent visite, Louise surtout, la soeur dont, enfant, il avait eu, dans la prière la certitude de guérison. Ces rencontres ont-elles influencé le choix de vie de la jeune femme ? Probablement, puisqu'elle considère que son frère a été son père dans la Foi, celui qui l'a engendrée à la vie Minime dans laquelle elle s'engage au monastère d'Abbeville, en 1658, pendant le séjour de Nicolas à Amiens. Plus tard, elle en sera prieure, "charge qu'elle exerça avec beaucoup de sagesse et de douceur".

C'est aussi pendant les années passées dans le pauvre couvent d'Amiens que commence à germer en Nicolas, l'idée d'agir en faveur de la formation des enfants pauvres. Comment? Il n'en sait rien encore; il en portera la pensée pendant dix ans avant qu'elle ne prenne corps. Mais c'est au plus profond de son angoisse, de son anéantissement physique, psychologique et spirituel que l'inspiration lui en est venue. Par quelles voies? Il n'en dira rien. Encore une fois, nous ne pouvons que nous interroger.

Est-ce la résurgence, après l'épreuve, de ce qui avait motivé son choix des Minimes? Est-ce le désir de répondre à l'appel de l'Eglise qui, depuis le Concile de Trente, se préoccupe de l'abandon spirituel des gens du peuple? Est-ce l'influence de Bourdoise, qu'il a peut-être rencontré, et qui a créé à Paris, en 1649, une association de prière pour obtenir des maîtres chrétiens? Est-ce l'environnement d'Amiens, qui contrastait tant avec le quartier du couvent parisien? Est-ce le désir de suivre et compléter l'inspiration de Vincent de Paul qui, en 1656, avait ouvert à Paris, un hôpital général où était recueillie une foule d'enfants abandonnés? Nicolas écrira plus tard, en effet, "Les besoins spirituels sont bien plus considérables que les besoins corporels, mais alors que les mendiants ont plein d'astuces pour obtenir un sou, presque tous les pauvres meurent de faim spirituelle... La personne qui fait l'aumône est toute émue par la misère qu'elle voit, mais elle reste insensible au fait que ce pauvre misérable perd son âme. S'il est excellent de nourrir et de vêtir les corps, ce l'est encore plus d'enseigner aux pauvres, les choses du salut. La preuve que Jésus est le Messie, qui nous est donnée dans l'Evangile, c'est "les pauvres sont évangélisés". C'est pour guérir les âmes que Jésus faisait des miracles sur les corps " (MTP 219 à 222).

Nuit, doutes, silence, angoisse... l'épreuve qui a frappé Nicolas de plein fouet l'a fait entrer dans ce combat spirituel, qui n'est une épreuve de force que dans la continuelle remise de soi à Dieu et non plus dans l'agir volontariste pour Dieu. C'est, comme en la nuit de Bethléem, le lieu de naissance d'une vie nouvelle, qui n'est plus façonnée seulement par des mains humaines, mais qui procède du coeur de Dieu.

# CHAPITRE 5

## Rouen 1659

La santé du religieux reste fragile, mais ses forces sont suffisantes pour que l'on puisse envisager une reprise du ministère. Le 15 septembre, les Pères du couvent de Péronne (situé à 50 km d'Amiens), qui ont eu plusieurs fois l'occasion, au cours de ces deux années, de rencontrer leur confrère au repos, l'élisent, au cours de leur chapitre, comme supérieur, "correcteur", selon l'expression propre aux Minimes.

Aussitôt, un message est envoyé au couvent d'Amiens pour communiquer la nouvelle. On n'est guère surpris; les religieux y ont une grande estime pour Nicolas, et l'ont d'ailleurs délégué au chapitre provincial qui se tient chaque année, à pareille époque, au couvent de Nigeon. Comme les autres grands Ordres conventuels, les Minimes ont une forte tradition démocratique, et les décisions les plus importantes se prennent au cours de chapitres (ou assemblées) locaux, provinciaux ou généraux. L'assemblée de Nigeon devra ratifier les élections des supérieurs locaux.

Comment Nicolas a-t-il réagi à l'annonce de son élection? Silence et prière, sans doute, mais son coeur est troublé. Comment pourrait-il accepter cette responsabilité? Le "correcteur" ne doit-il pas être un modèle dans la pratique de la règle ? Or sa santé déficiente lui impose de limiter sa vie pénitente. Les médecins lui déconseillent de consacrer quelques heures de la nuit à l'oraison, comme il le souhaiterait. Le 26 septembre, il prend la diligence qui le mène vers Paris. A Nigeon, ses confrères le retrouvent avec joie. Il n'est plus cet homme silencieux et abattu qui avait quitté Paris voici deux ans. A nouveau, pensent-ils, nous allons pouvoir compter sur lui. Sa prédication va bientôt attirer les foules, il reprendra avec brio l'enseignement de la philosophie et de la théologie, et surtout ce ministère de la direction spirituelle où il excelle. La responsabilité qu'on lui propose au couvent de Péronne ne sera probablement qu'une étape préalable à la carrière d'un brillant confrère...

Mais, lorsque vient, pour l'assemblée, le moment d'approuver l'élection des supérieurs locaux, Nicolas demande la parole. Il supplie ses confrères de ne pas confirmer cette élection. Sa santé, dit-il, compromet l'exercice d'une telle fonction. Ne risque-t-il pas de scandaliser les faibles en étant parfois absent de la prière communautaire? Ou de ne pas donner l'exemple du zèle avec lequel chaque Minime doit travailler à la conversion des pécheurs?

On l'écoute. Ce n'est pas la parole d'un homme qui fuit la croix des responsabilités. C'est celle d'un homme lucide et courageux, la parole d'un homme libre. Le chapitre l'a compris, l'élection est annulée.

Ses supérieurs décident alors de l'envoyer à Rouen, capitale de la Normandie, où les Minimes sont présents depuis 1591. Leur couvent est situé dans un quartier populaire. Ils y exercent différents ministères : prédication, confessions, et aussi, depuis peu, cette forme nouvelle d'apostolat instaurée en France par Vincent de Paul, Jean Eudes, Jean-Jacques Olier, et François Régis : les missions. Quelques prêtres, "missionnaires" itinérants, parcourent une région. Ils se fixent quelque temps dans chaque bourg ou village. Ils adaptent leur prédication aux auditoires les plus simples. Ils utilisent le dialecte local, composent des cantiques populaires. Ils regroupent les gens selon leur âge ou leur condition, pour la formation ou la prière : hommes ou femmes, mariés ou veufs ou veuves, jeunes et enfants. Chaque groupe est l'objet d'une attention particulière. Ils essaient d'associer étroitement curés et vicaires à leur effort, ce qui n'est guère chose facile!

Prédication, confessions, missions, voilà donc les ministères qui sont offerts au Père Barré lorsque, atteignant l'âge de trente-huit ans, il rejoint la Rue Bourg l'Abbé, où se trouve le couvent, aux confins des quartiers riches et des quartiers populaires. A l'Est, vivent les ouvriers du coton, les journaliers et les compagnons, dans les paroisses St Maclou, St Vivien et St Nicaise. Ce sont les hommes de tous les emplois et petits métiers, une main d'oeuvre saisonnière et intermittente pour l'agriculture, la construction, le tissage ou la faïencerie. Nicolas arpente les rues étroites. Quand il passe devant les maisons aux portes entrouvertes, il aperçoit souvent toute la famille à l'ouvrage. Les enfants contribuent très tôt à la production, car le travail est payé aux pièces. Dans les familles accablées de dettes et menacées de saisie des biens, l'enfance est volée à des milliers de garçons et de filles pour assurer la survie de la famille.

Nicolas les voit, ces enfants et ces jeunes adolescents vieillis avant d'avoir grandi. A Paris, déjà, il avait partagé les préoccupations de Jean Jacques Olier et d'Adrien Bourdoise, devant les problèmes de l'enfance abandonnée à elle-même. "Il faudrait", écrivait Bourdoise à Olier, "il faudrait avoir des maîtres qui travaillent à cet emploi en parfaits chrétiens, et non pas en mercenaires, lesquels regardent cet office comme un chétif métier, inventé pour avoir du pain. S'employer à former de tels maîtres, c'est une oeuvre sans doute plus utile à l'Eglise, et plus méritoire, que de prêcher toute la vie dans les chaires les plus considérables des meilleures villes du Royaume. Je crois qu'un prêtre qui aurait la science des saints se ferait maître d'école, et par là, se ferait canoniser. J'estime que si St Paul et St Denis revenaient à présent en France, ils prendraient la condition de maîtres d'écoles préférablement à toute autre".

Comment, en effet, sortir de la misère si la jeunesse est condamnée à l'illétrisme? Comment les jeunes générations des milieux populaires trouveront-elles un sens à leur vie, sans une formation humaine et spirituelle qui soit à leur portée? Comment sortir les masses de l'oppression causée par la peur - la peur oppressante engendrée par les superstitions et les pratiques magiques - si les éléments essentiels de la foi chrétienne ne libèrent pas les esprits et les coeurs? Ces pensées viennent sans cesse à l'esprit de Nicolas quand il parcourt les rues de Rouen pour aller prêcher à St Maclou ou à St Nicaise; elles ne le quittent pas dans la prière. Comment peut-on laisser la jeunesse dans un tel délaissement? Souvent une image lui revient en mémoire. Jésus est avec ses apôtres. Il met un enfant au centre du groupe et dit : "Laissez venir à Moi les enfants. Le Royaume de Dieu appartient à ceux qui leur ressemblent. Malheur à celui qui les scandalise". Ces enfants, considérés sans valeur, exploités, méprisés, Jésus les a mis au centre. Plus encore, Dieu, qui est souverainement grand, trouve sa joie au milieu des petits. Et pour se faire proche à jamais des plus petits, des plus fragiles parmi les humains, Il s'est fait non seulement homme mais encore petit enfant. N'est-ce pas là un appel pressant à remédier à une situation qui conduit le peuple et l'Eglise à leur ruine ?

Déjà les autorités rouennaises ont pris conscience de la nécessité d'agir en ce domaine. En 1654, une classe a été créée par les administrateurs de l'Hôpital Général pour les petits orphelins, vagabonds, enfants abandonnés, qui y sont recueillis. En 1657 Adrien Nyel en a été chargé: c'est un laïc enthousiaste et ardent, originaire de Laon. Ces enfants font partie de la foule des miséreux, appelés "pauvres valides" dont la société européenne a décidé de se protéger, tout en les appliquant à une oeuvre utile. C'est que les pauvres, dont le nombre ne cesse de s'accroître, sont bien souvent considérés comme dangereux, ou gêneurs. Vagabonds ou mendiants, ils sont soupçonnés de diffuser l'hérésie qui menace non seulement la Foi, mais aussi l'unité nationale! On craint aussi qu'ils apportent avec eux des maladies contagieuses. De plus, tous ces chômeurs font honte à un pays qui se dit bien gouverné et pourraient être source de nouvelles révoltes contre le pouvoir.

La solution c'est l'Hôpital Général, un grand bâtiment destiné à recevoir non pas les malades, mais les indigents, les fauteurs de trouble, les gêneurs. Les hôpitaux généraux apparaissent bientôt dans toutes les grandes villes de France et d'autres pays. A Rouen, en 1645, on y a enfermé les jeunes filles pauvres pour les arracher à la prostitution. En 1654, c'est au tour des garçons mineurs d'être considérés comme un danger public. Ces "enfants malhonnêtes" vont rejoindre les mendiants, les délinquants, les malades mentaux, les sans ressources, les prostituées, dans ce que l'on appelle "le grand renfermement des pauvres". Le pouvoir espère ainsi faire la chasse aux inutiles, mettre tout le monde au travail, remettre tous ces misérables dans le droit chemin.

Les administrateurs de l'hôpital général, tout comme Adrien Nyel, fréquentent parfois la chapelle des Minimes. Les conférences que Nicolas Barré y donne aux membres du Tiers-Ordre de St François de Paule ont rapidement attiré un plus large public. On aime la simplicité de ses propos, où chacun peut trouver "la manne du coeur"

(Giry). Parmi les auditeurs on remarque deux conseillers au Parlement et leurs épouses : Claude de Grainville et Pierre Fauvel de Touvens, ainsi que Michel de Lespinay, les frères Louvet, Mr Maillefer, conseiller à la cour des comptes. Certains d'entre eux font partie de la Compagnie du Saint Sacrement.

Fondée entre 1627 et 1630, composée de clercs et de laïcs, la Compagnie du Saint Sacrement se donne comme objectifs la charité à l'égard de tous les nécessiteux, une spiritualité centrée sur l'Eucharistie et la pratique d'un christianisme exigeant. Ses membres ont adopté la discipline du secret dans le désir d'une plus grande efficacité. Le pouvoir politique craint l'influence de ce groupe relativement puissant. Si des personnalités en vue fréquentent la chapelle des Minimes, beaucoup de gens très simples viennent également écouter Nicolas Barré, et la foule se presse. C'est qu'à l'inverse de beaucoup de prédicateurs, il sait dire, très simplement, des choses d'une grande portée spirituelle. Il sait se faire comprendre des moins instruits en utilisant des images, des paraboles, qui rendent son style familier et pittoresque : "La beauté de l'univers consiste dans des beautés différentes. Si un arbre voulait avoir le brillant de l'or, et si l'or était revêtu de la verdure du feuillage, des fleurs et des fruits de l'arbre, ce serait la destruction de toute la nature! Dans la vie spirituelle, il ne faut pas vouloir entrer dans les voies d'un autre, ni prétendre à ses grâces. Ce serait tout gâter, et se perdre soi-même. Il est dit de chaque saint "Il n'a pas son pareil" (MTP 113).

Il sait que chaque personne, chaque vie humaine est appelée à porter un fruit particulier. En tous ceux qui s'adressent à lui pour demander conseil, il cherche à "discerner ce fruit, à le valoriser, à le conduire à une parfaite maturité" (MD 41). Est-ce ce don particulier de discernement et d'accompagnement spirituel qui engage tant de personnes à s'adresser à lui? Et pourtant, c'est avec beaucoup de fermeté, parfois même avec rudesse, qu'il appelle à la conversion : "Le Royaume des cieux, c'est Dieu en nous, mais Dieu seul, et Jésus seul. Voilà la pierre précieuse qu'il nous faut acquérir en vendant tout, c'est-à-dire en nous oubliant entièrement. Il faudrait que notre âme soit à Dieu ce que la main est à l'homme. C'est par un chemin d'humilité et d'anéantissement que cela pourra se faire, il faut détruire en nous ce qui n'est pas de Dieu, afin qu'à nouveau Dieu se fasse homme en nous, que Jésus soit incarné en nous-mêmes, en nous, créatures" (RA 1).

Ces paroles fortes, Jeanne Dubois, épouse de Pons Maillefer, aime à les entendre. Elles réveillent l'ardeur avec laquelle, voici quelques années, elle s'est convertie. Née à Reims en 1623, elle a épousé un maître des comptes de Rouen. Il y a encore quelques années, elle passait pour la femme la plus mondaine de la ville. On la remarquait à la messe de midi à Notre-Dame, où elle éclipsait toutes ses rivales par l'éclat de ses toilettes. Elle en avait auparavant jugé l'effet sur un mannequin qui avait été moulé à ses mesures, et dont la tête et les mains avaient été modelées d'après les siennes. Sa table était des plus raffinées. Son intérêt se limitait en grande partie à l'intérêt suscité par sa propre personne!

Un soir de l'année 1655, un mendiant frappe à la porte des Maillefer; il demande un peu de nourriture et un gîte pour la nuit. Le cocher supplie sa maîtresse de le laisser s'abriter dans l'écurie. Mais la réponse est négative, "que l'on renvoie ce gueux!". Cependant le cocher passe outre, et fait entrer secrètement le pauvre dans l'écurie. Hélas, le lendemain matin, on retrouve le mendiant mort sur la paille. Très vite, la nouvelle se répand dans la maison. La colère de Madame Maillefer est telle qu'elle renvoie son cocher; elle jette un drap à ses serviteurs afin qu'ils emportent au plus tôt le cadavre hors de sa maison.

Or, le soir, en se mettant à table, elle trouve à sa place le drap soigneusement plié. Ses ordres n'auraient-ils pas été exécutés? Tous les serviteurs l'assurent que le pauvre défunt a été enseveli dans le drap remis le matin; qui aurait osé affirmer publiquement une désobéissance aux ordres de Madame? Et cependant, quelqu'un a voulu lui donner une leçon. Elle a refusé le pain et le gîte au mendiant, il refuse le linceul qu'elle a donné malgré elle. Le coup a frappé. Jeanne Maillefer éclate en sanglots, et décide, à trente-deux ans, de changer complètement de vie. Elle le fait avec la même mise en scène qui caractérisait sa vie antérieure. Le dimanche suivant, elle se rend à la grand'messe en portant par-dessus ses atours, un tablier sale, fait de grosse toile. Les têtes se tournent à son passage, des sourires, puis des quolibets. "Elle est devenue folle!" "Sa dévotion lui a détraqué la cervelle!"

Ameuté par la rumeur publique, Monsieur Maillefer interdit à sa femme ce genre d'excentricités. Elle accepte mais bannit tout luxe de sa vie et de sa maison, et décide de se mettre au service des pauvres. Lorsque, quatre ans plus tard, Nicolas Barré arrive à Rouen, Jeanne Dubois, épouse Maillefer, va souvent l'écouter dans la chapelle des Minimes. Bientôt, elle deviendra son associée dans la création des Ecoles Charitables.

Une toute jeune fille est également auditrice fidèle des conférences du Père Barré : Marguerite de Bonsons de Couronne. Son père est président au Parlement de Normandie. Etudiant à Paris chez les Jésuites, il avait eu l'occasion de rencontrer François de Sales. Le grand inspirateur de la spiritualité du laïcat lui avait dit à deux reprises : "Vous serez père d'une nombreuse et heureuse famille!" Il eut neuf enfants, et Marguerite était la benjamine. L'aîné, un garçon, est entré chez les Jésuites, avec le désir de partir en pays de mission. Mais il est décédé très jeune, avant d'avoir pu réaliser son rêve. L'une après l'autre, les sept filles sont entrées au monastère de la Visitation de Rouen. C'est une fondation récente qui attire beaucoup de jeunes. A l'origine, une veuve, mère de quatre enfants et... François de Sales, son directeur spirituel. Ils ont voulu rendre la vie contemplative plus accessible, la joindre au service des pauvres, dans la simplicité et l'amour. C'est à l'école attachée au couvent des Visitandines que Monsieur de Couronne a confié l'éducation de Marguerite. Enfant, puis adolescente, elle y voit ses soeurs heureuses, et se sent appelée à les rejoindre. C'est trop pour Monsieur de Couronne! Qu'au moins, parmi ses neuf enfants, la benjamine lui reste proche, et lui donne la joie d'être grand-père. Quand Marguerite a quinze ans, il décide qu'il est temps de la soustraire à l'influence du monastère, et de lui offrir les plaisirs d'une vie mondaine. Ainsi, espère-t-il, elle oubliera ses aspirations vers le cloître. La vie de la jeune fille devient alors un tourbillon de réceptions, bals, voyages, rencontres, rendez-vous de couturières et coiffeuses, salons mondains, à la grande joie de son père. Cependant cette agitation ne parvient pas à étouffer complètement la voix intérieure, mais Marguerite s'empresse à chaque fois d'écarter la perspective de la vie religieuse.

Alors qu'elle était encore élève chez les Visitandines, elle avait confié au Père Barré l'appel entendu. Il n'avait pas oublié, et plusieurs fois le lui avait rappelé, mais ses paroles n'avaient eu aucun effet. Marguerite reste présente à sa prière et à sa pensée. Un jour, il a connaissance des multiples lettres d'amour et billets galants que la jeune fille reçoit de ses admirateurs. Cela lui inspire un moyen audacieux de l'interpeller. Il lui écrit lui-même un billet qu'il fait porter à son adresse. Le soir, rentrée chez elle, Marguerite commence à parcourir les propos flatteurs de ses courtisans. Quelle n'est pas sa surprise lorsque ses yeux tombent sur ces quelques mots : "Dieu vous veut! Dieu vous veut! Prenez garde!" suivis de reproches pour sa résistance à la grâce.

Impressionnée, Marguerite s'arrête un instant, puis déchire brusquement le message. Non, cette vie est trop bonne à dévorer pour renoncer à tout ce qu'elle lui offre. Et pourtant, ces mots vont rester enfouis en sa mémoire. Un jour, en voyage avec son père, elle s'arrête pour participer à la messe en la chapelle de Notre-Dame des Ardillers. Au moment de la consécration, la voix intérieure se fait plus forte : "Tu as beau faire, tu seras religieuse, Dieu le veut, tu le sais bien". Mais ces mots, venus clairement du plus profond d'elle-même, elle les refuse. Elle sort de l'église plus décidée que jamais à oublier, à s'étourdir dans tous les plaisirs que lui offre sa vie de fille cadette du président du Parlement de la Normandie. Non, pense-t-elle, elle ne peut décevoir son père, elle ne peut lui demander cela. Peu de temps après, alors que Marguerite a vingt et un ans, son père meurt subitement. C'est un choc terrible pour la jeune fille. N'est-ce pas pour la joie de son père qu'elle s'était lancée avec frénésie dans cette vie mondaine? C'est en larmes qu'elle va trouver le Père Barré, et laisse enfin parler librement la voix intérieure tant de fois étouffée. Elle sait que Dieu l'appelle. Elle sait qu'elle ne pourra plus trouver son bonheur si elle s'obstine dans son refus de Lui répondre. Elle veut même aller plus loin : pourquoi entrer à la Visitation dont la règle est si douce? Ne devrait-elle pas rejoindre un Ordre plus austère pour réparer ses années de résistance? Le Minime l'écoute, mais il refuse de la suivre dans son excès de zèle. Pourquoi vouloir chercher soi-même le plus difficile? Ne serait-ce pas à nouveau une subtile recherche de soi, qui s'insinue jusque dans une apparente recherche de Dieu? C'est la vie proche du couvent de la Visitation qui a éveillé en elle l'appel de Dieu, qu'elle suive donc l'attrait de sa grâce, et y rejoigne ses soeurs. "C'est audedans de vous-même", lui dit-il, "qu'il faut mourir et vous anéantir, pour laisser toute la place à Dieu. Détruisez tout cet esprit de suffisance, d'indépendance, de vanité dont vous vous êtes remplie, afin de devenir capacité de Dieu.

Alors seulement vous trouverez la plénitude de vie et de bonheur".

Marguerite n'hésite plus et, malgré les oppositions de son entourage, elle part pour la Visitation. Lorsqu'après plusieurs années de vie monastique, sa famille lui offrira de bénéficier d'une pension, grâce à l'héritage de son père, et de connaître ainsi une vie plus autonome à l'intérieur du couvent - cela était fréquent - elle s'y refusera, encouragée à nouveau par le Père Barré. Il restera pour elle un directeur spirituel clairvoyant, à la fois exigeant et compréhensif.

Un autre converti s'est mis à l'école de Nicolas Barré : Edmond Servien de Montigny. Né en 1620, membre d'une famille très engagée en politique, il entre lui-même dans la carrière en devenant, en 1653, secrétaire du cabinet de la reine Anne d'Autriche. Mais, deux ans après, il renonce à sa charge, et se retire à Rouen dans sa famille. Ordonné prêtre, il décide de donner son temps et sa fortune aux oeuvres sociales. Il fait partie du groupe des hommes influents de la ville préoccupés par la misère des gens du peuple, et par leur ignorance religieuse.

Quelques initiatives ont déjà été prises. Pour les garçons, Adrien Nyel et Laurent de Bimorel ont créé quelques petites écoles, mais elles sont encore mal organisées; pour les filles, les Ursulines arrivées à Rouen en 1619 ne rejoignent guère les enfants des quartiers les plus pauvres. A la paroisse Saint-Maclou, les Soeurs de Notre-Dame de Bernay réunissent les fillettes pour leur apprendre le catéchisme, un peu de lecture, d'écriture, de couture et de broderie. Mais ces diverses initiatives rencontrent des difficultés qui semblent parfois insurmontables. La grande misère des familles ouvrières ne leur permet pas de se priver des maigres profits supplémentaires que leur procure le travail de leurs enfants, ou de l'aide de leurs filles pour les tâches ménagères. A part Antoine de la Haye, à Saint-Amand, les curés n'encouragent pas de telles initiatives, dont ils ne voient guère l'utilité. Les maîtres et maîtresses, sans formation, montrent peu de zèle à la tâche, et peu d'amour pour ces enfants difficiles et instables!

Depuis que Nicolas Barré va de paroisse en paroisse prêcher durant le carême, ou pendant les mois de mission, la question de cette jeunesse le préoccupe sans cesse. Parfois il parvient à y intéresser quelques jeunes filles. Il leur propose de rassembler les fillettes, durant les heures qui conviennent le mieux à leurs parents, afin de leur enseigner le catéchisme et des rudiments de lecture. Mais, après quelque mois, à la fin de la mission, le groupe se disperse. Nicolas reste convaincu que le manque de formation humaine et spirituelle des jeunes, et en particulier des filles, est à la racine de bien des souffrances et des errements constatés dans la vie familiale et sociale. Il ne partage pas l'idée, alors répandue, que le jeune enfant n'est pas un être humain à part entière. Il sait par expérience que les enfants sont, très jeunes, ouverts à l'accueil de Dieu, et qu'il faut leur en donner l'accès, plutôt que de les laisser s'emplir le coeur d'erreurs et de bagatelles (MP 18).

La tâche n'est pas facile. Il faut beaucoup de patience, de douceur et de fermeté pour tenir en place les fillettes de tous âges, qui arrivent à toute heure du jour pour recevoir l'enseignement proposé par ces jeunes filles de bonne volonté. Quand il en a l'occasion, Nicolas observe, encourage, conseille. Et lorsqu'il est invité à prêcher la mission à Sotteville, il se dit qu'il faudra y associer quelques jeunes filles dont il a remarqué l'enthousiasme pour cette tâche.

# CHAPITRE 6

## Sotteville - Rouen, 1662-1666

Sotteville est situé à 4 km de Rouen. C'est un bourg essentiellement peuplé de gens simples, ouvriers des faïenceries et petits paysans. On y a annoncé une mission. Pendant plusieurs semaines chacun va être invité à venir au prêche, à se confesser, à remettre un peu d'ordre dans sa vie. Baptisés, les habitants de Sotteville ignorent presque tout de leur religion, ne comprennent pas grand chose au latin qu'on parle dans les églises, et pratiquent parfois un christianisme sociologique mêlé de superstitions et de magie.

Cette mission s'annonce au milieu de bien des préoccupations. La récolte de l'été précédent a été mauvaise, et cette année 1662 est déjà marquée par la famine. Des enfants sont morts dans les faubourgs de Rouen. Chaque matin les pauvres mères s'inquiètent de ce qu'elles vont pouvoir donner à manger à leur progéniture. Elles vont elles-mêmes offrir leurs services comme lingères, servantes, femmes de peine, espérant en échange quelque nourriture. Certaines envoient leurs enfants mendier dans les rues des quartiers riches, et parfois même les encouragent à "prendre", là où ils le pourront, de quoi survivre. Nicolas aime prêcher les missions dans les quartiers populaires et les villages. "Nous ferions semblant d'aimer Jésus", dit-il souvent à ses amis, "si nous n'avions pas compassion des misères du prochain. Et tant de pauvres, outre leurs peines, meurent de faim spirituelle" (MTP 208-219).

Nicolas Barré va de maison en maison pour inviter hommes, femmes et enfants aux diverses rencontres. Il entend et il voit les souffrances des familles. Il admire leur ingéniosité pour trouver les moyens de survivre, au milieu de tant de misères. Comment, se demande-t-il parfois, pourrait-on faire naître dans les coeurs la même ardeur pour Dieu que celle déployée pour survivre et nourrir les corps?

Il se prépare aux assemblées par de longs temps de prière. Il sait que seul l'Esprit de Dieu peut toucher les coeurs. Ces pauvres gens, délaissés depuis des années par des prêtres sans formation, et souvent plus préoccupés de gain que de service, ont gardé au fond de leur coeur le désir de Dieu. C'est là que la parole du prédicateur devra les rejoindre. "Vous semblez vous attacher davantage à ces gens du peuple", lui dit un jour un ami, "qu'à ces grands messieurs qui vous rendent visite au monastère". "C'est que", répondit le Minime, "je ne ressens pas pour les personnes de haute naissance, ou qui ont de grandes qualités naturelles, ce que je ressens pour ces gens d'humble condition. Je préfère éviter de rencontrer les personnes d'un rang trop élevé. Je crains qu'ils ne m'accaparent trop, et diminuent tout ce que je reçois des gens du commun" (Raf). "Il ne faisait jamais de distinction de personne", témoignera Raffron, "si ce n'était pour préférer les plus pauvres, les plus petits, les plus timides à tous les autres".

Pour l'aider dans la mission auprès des filles qui, par décret épiscopal ne pouvaient se trouver rassemblées avec les garçons, deux jeunes femmes ont proposé leurs services : Françoise Duval et Marguerite Lestocq. Françoise est originaire de Honfleur. Elle a dix-huit ans. Marguerite est picarde, et sa famille est apparentée aux Barré. Elle a vingt ans. Pendant une bonne partiede l'année, dans une petite salle mise à leur disposition dans une maison du bourg, elles accueillent les fillettes. Certaines viennent le matin, d'autres l'après-midi, selon les possibilités des familles. Elles ont baptisé cela "l'Ecole de Jésus humilié".

Plusieurs fois par semaine, Nicolas vient les voir à l'oeuvre, et prend ensuite quelques moments pour reparler de leur manière d'agir avec les enfants et avec leurs mères. "Pensez", leur dit-il, "que Dieu veut bien se servir de vous pour enseigner à ces enfants le chemin du salut. Abandonnez-vous à la conduite de son Esprit. Il donne sa grâce aux humbles et parle par leur bouche. Demandez-Lui de parler Lui-même au coeur de ces enfants. Parlez peu, interrogez beaucoup, évitez toute affectation, et n'utilisez pas de mots compliqués. Il vaut mieux parler d'une manière humble, douce, familière, afin de vous faire comprendre même des plus petits et des moins instruits" (AC).

Les parents de ces fillettes, et parfois les grands-mères relayées par le curé, ont déjà mis dans l'imagination de ces pauvres enfants des images terribles de châtiments infernaux et de péchés mortels. "Ne parlez pas à la légère", leur dit-il, "de péchés mortels ou véniels! Il suffit de dire : cela déplaît à Dieu, cela est mal, il faut l'éviter plus que la mort. Et pour une bonne chrétienne qui veut aimer Dieu de tout son coeur, cela suffira pour l'en détourner" (AC). "N'oubliez pas que cela ne servirait à rien de leur apprendre leurs prières, de les préparer à recevoir les sacrements, si vous ne leur enseigniez pas à vivre selon l'Evangile, en aimant Dieu de tout leur coeur, et les autres comme elles-mêmes. Présentez-leur les huit Béatitudes, apprenez-leur à s'exprimer en chrétiennes, et non selon l'esprit du monde qui dit et aime tout le contraire de ce que Dieu aime. Et que vos entretiens soient autant affectifs qu'instructifs" (AC).

Françoise et Marguerite aiment ces rencontres avec le Père Barré. Elles rendent leur tâche plus facile, mais surtout elles laissent dans leur coeur la joie de se sentir apôtres. Et quand ensuite elles retournent vers les enfants, qu'elles les écoutent et les accueillent, c'est comme si Dieu Lui-même les visitait. "Durant la mission de Sotteville, il se fit", écrira plus tard Marguerite, "de très grandes et admirables conversions, tant d'hommes que de femmes et grandes filles, avec quantité de confessions générales. Les petites écoles y ont été tenues environ un an, avec beaucoup d'éloges. Je peux assurer que presque tout le village a été converti".

Nicolas n'en tire aucune gloire; seulement la joie profonde de voir que le petit groupe apostolique qu'il a formé ne s'est pas dépensé en vain. N'a-t-il pas donné toute sa vie pour le retour à Dieu de ceux qui se sont égarés ? "Former des croyants, aider les personnes à rencontrer Dieu, vaut mieux que de Lui bâtir des églises ou d'embellir ses autels, car c'est Lui préparer des demeures spirituelles et des temples vivants" (MP 13).

Laissons la parole au Père Raffron, son biographe et témoin : "On découvrait tant de dégagement et de pureté d'intention dans tous ses projets, un si grand feu dans ses discours, une si noble élévation dans ses maximes, quelque chose de si divin et de si consolant dans ses conseils, et une piété habituelle si uniforme, si constante et si semblable à la conduite des saints qui ont reçu les plus grandes grâces - comme sont celles qui regardent la conversion des pécheurs - qu'il était difficile, quand on l'avait bien connu, de ne pas se rendre à ses douces et puissantes attaques. Aussi Dieu a-t-il fait des conversions surprenantes à travers lui, en la personne de plusieurs des plus grands impies, profanateurs, libertins et autres semblables qui étaient depuis longtemps plongés dans des dérèglements dont on n'eut jamais cru qu'ils dussent revenir. J'en prends à témoin ceux qui vivent encore, non plus dans les ténèbres de leur obstination, mais dans l'admirable, la pure et douce lumière de la plus parfaite piété. Ils ne se lassent pas de reconnaître l'insigne faveur qu'ils ont reçue du ciel par les soins et le zèle infatigable de celui qui avait appris, au pied du Crucifix, à vaincre et à triompher des coeurs les plus fiers et les plus endurcis. C'est ce pouvoir qu'il avait sur l'esprit des impies qui a donné lieu au proverbe que l'on citait assez souvent à propos de ceux dont on n'attendait plus de correction : "Il faut", disait-on, "l'envoyer au Père Barré".

Quelle force émane de cet homme chétif et de santé fragile? Et qui croirait que ce "bonhomme" affable et enjoué continue d'être traversé par les tourments du doute, alors même qu'il fortifie les autres dans leur Foi? A quelques amis intimes seulement il confie comment Dieu l'a conduit à habiter sa nuit sans chercher à vouloir forcer l'aurore. C'est l'amour propre, leur dit-il, qui pousse à vouloir les certitudes et la clarté de la lumière. Au contraire, "il suffit de nous présenter à Dieu, sans nous juger dignes de ses faveurs. Appliquons-nous ensuite à servir, façonner, cultiver ceux que son amour nous confie pour ses véritables enfants, sans plus nous préoccuper de nous-mêmes" (MP 5). "Il nous faut traverser bien des oppositions et des contradictions pour arriver à l'union! Que de trouble pour arriver à la paix, et que de ténèbres pour arriver au centre de toute lumière et de toute splendeur, au centre de tout honneur et de tout plaisir... et cependant, c'est l'unique chemin" (L 2). "Comme elle est admirable et incompréhensible cette route de la vie spirituelle! Nous y progressons dans la persévérance à souffrir sans aucune consolation sensible. Et le ciel, dissimulant tout extérieurement, nous fortifie aussi solidement qu'intimement et imperceptiblement "(L 54).

Depuis le séjour à Amiens, Nicolas a pris le long chemin de la sortie des illusions sur lui-même et sur Dieu. Il sait que Dieu seul est saint et fait les saints, et qu'il ne faut pas attendre d'être saint pour travailler à faire, des autres, des saints (MP 8). Il sait que des ruisseaux bourbeux peuvent transporter une eau pure et limpide (MD 7). Il sait qu'en lui-même il est nu, pauvre et misérable, et qu'il est riche des biens d'autrui (MD 11). Tant de lumières et de grâces lui sont venues de ceux et celles qui ont accepté de se mettre à son école pour chercher Dieu.

L'expérience de Sotteville a profondément marqué Nicolas. Elle restera pour Marguerite et Françoise un tournant décisif dans leur existence. C'est dans l'enthousiasme qu'elles acceptent de poursuivre de manière plus continue, à Rouen même, dans le quartier des Minimes, la formation des petites filles pauvres. Délégué au chapitre provincial, Nicolas a pu partager à ses confrères les perspectives apostoliques ouvertes par la mission de Sotteville grâce aux jeunes femmes qui y ont été associées. A ses proches voisins, Monsieur et Madame de Grainville, il a également évoqué à plusieurs reprises le grand bien qui s'est fait dans la bourgade. Sans hésiter, Madame de Grainville offre une pièce de sa vaste demeure pour y rassembler les filles du quartier. Elles y viennent nombreuses, car elles sont reçues gratuitement, et accueillies quelle que soit l'heure à laquelle elles se présentent. On manque bientôt de place, et un second local est ouvert Rue des Carmélites. A Marguerite et Françoise se sont jointes Marie-Anne, Anne, Catherine. Plusieurs d'entre elles font partie de la Confrérie du Saint Enfant Jésus, qui se réunit à l'église de l'Oratoire. Ses membres veulent appartenir au Verbe Incarné, et vivre - qu'ils soient prêtres, religieux ou laïcs - dans l'esprit d'Enfance, selon les paroles de Jésus : "Si vous ne vous convertissez pas et ne devenez pas comme de petits enfants, vous n'entrerez pas dans le Royaume des cieux". Marguerite Lestocq et sa soeur Catherine s'y inscrivent le 24 mars 1664. Elles y rencontrent Marie Deschamps, Anne Corneille, à qui elles font connaître Nicolas Barré et l'oeuvre entreprise. De son côté, Adrien Nyel continue à rassembler quelques maîtres pour les garçons, et surtout à les faire profiter des conseils et de la direction du Père Barré.

Tout cela ne va pas sans susciter quelques commentaires désapprobateurs. Bien sûr, faire le catéchisme à ces pauvres enfants ne peut que moraliser la jeunesse et lui éviter de se dévoyer! Mais pourquoi perdre son temps à vouloir enseigner la lecture et l'écriture à des filles? Passe encore pour les garçons, encore que la plupart d'entre eux n'en aient guère besoin. Cela risque de leur tourner la tête, et de les pousser à vouloir rejoindre tous ces improductifs de la cléricature, ou à vouloir acheter des charges pour lesquelles les candidats ne sont que trop nombreux.

Les maîtres écrivains commencent à crier au scandale. Qu'en sera-t-il de leur profession, si l'on commence à enseigner gratuitement aux enfants à lire et à écrire! Car les petites écoles accueillent gratuitement. Nicolas Barré et Adrien Nyel y ont intéressé des messieurs du Parlement qui assurent aux jeunes gens engagés dans cette aventure, quelques ressources leur donnant bien modestement de quoi vivre. Ces jeunes maîtres ne se montrent pas toujours persévérants. Ils préfèrent souvent, après quelque temps, prendre un travail mieux considéré, et mieux rétribué. Les jeunes filles, elles, tiennent bon. Elles bénéficient aussi de l'appui total du curé de la paroisse Saint Amand sur laquelle elles ont commencé à oeuvrer. Antoine de la Haye est un prêtre zélé, ami intime de Nicolas Barré. Toutes ses forces, toute sa vie sont données aux pauvres et à la conversion de ceux qui se sont éloignés de Dieu.

Marguerite Lestocq a elle-même raconté ces débuts : "Nous étions quatre ou cinq soeurs dans un abandon total à la divine Providence, sans être en communauté, mais dispersées. Deux faisaient les écoles Rue des Carmélites, et trois chez Madame de Grainville. Le R.P. Barré y venait de temps en temps faire des conférences, et nous donnait un régime de vie. Nos exercices spirituels étaient réglés. Nous faisions les petites écoles depuis huit heures jusqu'à onze heures. Ensuite on menait les enfants à la messe. Il y en avait cent trente, et parfois plus. De midi jusqu'à deux heures, nous étions avec les grandes filles. On les faisait lire et leur enseignait le catéchisme. Ensuite, c'étaient les petites jusqu'à cinq heures. Après nous allions par les maisons instruire les bonnes gens, leur apprenant les principaux mystères, et surtout à bien se confesser et communier".

Les cinq jeunes femmes ont leurs journées bien remplies. "Je vous assure que l'ignorance était si grande dedans Rouen", continue Marguerite, "que la plupart des gens ne savaient ce que c'est de Dieu" (sic). Et elle raconte l'un des nombreux souvenirs qui reste gravé dans sa mémoire. Un jour, elle demande à une vieille femme de quatre-vingts ans, si elle sait "combien il y a de Dieux". La pauvre femme effrayée par cette question répond qu'il y en a trois... et tombe évanouie. Quand elle revient à elle, elle affirme à nouveau qu'il y a trois Dieux, et qu'il ne faut pas la prendre pour une ignorante!

L'inquiétude marque toute la vie des pauvres : celle du lendemain, celle de la saisie des biens, mais aussi la peur du curé, la peur de Dieu. A l'église, de nombreux prédicateurs parlent plus souvent de la menace de l'enfer que de l'amour miséricordieux de Dieu. Les écrits de François de Sales et d'autres auteurs inspirant une dévotion confiante sont loin d'avoir atteint les prêtres sans formation; aussi à une vie de misère, de promiscuité, de travail harassant, vient quelquefois s'ajouter le sentiment d'être condamné par Dieu. C'est pourquoi Marguerite, Françoise, Anne, Marie, Catherine et leurs compagnes, donnent une importance toute particulière à la proposition d'une confession générale, où chacun, reconnaissant les fautes marquantes de son passé, en reçoit le pardon, et peut se sentir à nouveau en paix avec Dieu et avec lui-même. "On en fit faire tout d'abord pour le moins quatre cents", écrit Marguerite, "préparées par des instructions familières". Nicolas insiste sur ce point avec ses collaboratrices. "Pour gagner les âmes, il faut les approcher avec beaucoup de douceur, et ne jamais prendre les gens de haut. Au contraire, il faut agir avec beaucoup d'humilité et de modestie, employer la bonté, et une ferveur pleine de charité. On attire les autres à Dieu, bien plus par cette voie un peu sensible que par l'autorité et la rigueur des commandements. C'est d'ailleurs ainsi que l'Esprit Saint agit dans les coeurs" (MP 19, 26).

En allant de maison en maison, elles reçoivent les confidences des mères et des filles qui souvent évoquent les violences sexuelles dont elles sont victimes. "On leur conseillait avec douceur, respect, charité et simplicité, de ne pas coucher les garçons avec les filles, ni les enfants avec les pères et mères. Chose admirable! Les pauvres mères qui n'avaient pas de lits pour leurs enfants les faisaient coucher par terre sur la paille, ou faisaient des lits avec des chaises. Parfois les enfants demandaient à rester coucher à l'école, sur les bancs". Elles cherchent, auprès de quelques bienfaiteurs, à faire donner des lits aux plus pauvres.

Le dimanche et les fêtes, elles font le catéchisme. Il y a une telle affluence que l'on doit abattre des murs pour agrandir les salles où se pressent les femmes et les jeunes filles. Nicolas conseille, encourage, soutient, forme :

"N'enseignez pas ce sur quoi vous ne seriez pas vous-même au clair, afin de ne pas créer plus de confusion dans les esprits (AC). Apprenez-leur surtout la prière du coeur et l'exercice de la présence de Dieu".

Jamais encore on n'avait vu à Rouen des jeunes filles, laïques, rassembler de telles foules, et de plus, en dehors de l'église paroissiale! Cela commence à inquiéter certains curés. Certes on sait bien qu'elles ont l'appui du Père Barré, mais à l'intérieur du couvent, tous ses confrères ne sont pas d'accord avec son initiative. Le curé de Saint Amand, sur la paroisse duquel ces réunions avaient commencé, ne cesse de faire des éloges de ces filles si apostoliques, mais enfin, pensent beaucoup, ce ne sont-là que de faibles femmes. Chacun sait que leur nature, inférieure, les invite à rester sous la protection de leur père, de leur mari ou des murs du cloître, et non à s'engager dans de telles entreprises. Cela risque de déstabiliser l'Eglise et la société. D'ailleurs, c'est au curé de faire le catéchisme. Marguerite raconte, non sans humour : "Il se trouve que messieurs les curés et ecclésiastiques ont voulu faire des difficultés sur nos catéchismes des dimanches. Ils disaient que nous faisions ce qu'ils devaient faire, et que cela leur faisait grande confusion. Mais nous leur avons répondu si sagement, avec tant de déférence, de respect et de soumission - comme ils le méritent - que dès lors, ils ont approuvé nos instructions, en nous donnant toute liberté d'enseigner". Elle se souvient particulièrement de "feu Monsieur le curé de Saint-Vivien, un très digne docteur et chanoine. Il interrogea les filles préparées à la première Communion, même sur des questions théologiques (sic), en tournant les questions de toutes les manières, et en présence de plusieurs prêtres. Mais il les trouva si bien instruites qu'il nous donna plein pouvoir sur toute sa paroisse, avec sa sainte bénédiction".

Des femmes de la bourgeoisie rouennaise offrent leur temps ou leur argent pour soutenir l'oeuvre naissante. Madame Maillefer projette d'ouvrir une petite école pour les filles à Darnetal, un bourg industriel proche de Rouen. Peu à peu quelque chose est en train de changer dans la condition féminine. Cependant, ce n'est pas la première fois que de telles tentatives ont vu le jour. Celle-ci semble plus fructueuse que les précédentes. Durera-t-elle?

# CHAPITRE 7

## Rouen, 1666-1669

Voici bientôt quatre ans que le groupe de jeunes femmes, soutenues par le Père Barré, se donne sans compter à l'oeuvre des petites écoles et des instructions du dimanche. Elles sont aidées financièrement par des adultes actifs et engagés tels Laurent de Bimorel, l'administrateur de l'Hôpital Général, les de Grainville, Madame Maillefer. Quelques curés, comme Antoine de La Haye, leur donnent un appui total. Et Adrien Nyel déploie de son côté un grand zèle pour les petites écoles des garçons. Ces filles se nomment parfois entre elles "Maîtresses Charitables", car elles ne demandent aucune contribution pour leurs services. Leur emploi est pénible et méprisé. On leur octroie une infime rétribution de cinquante écus, ce qui est bien juste pour assurer leur subsistance. Toutes ne continuent pas. Celles qui poursuivent la tâche, remarque Nicolas Barré, sont les plus désintéressées. Les autres s'en vont. Les liens qui unissent le petit groupe se fortifient, un même esprit les anime. Ensemble elles prient, échangent, se forment et surtout agissent. Elles ne s'inquiètent pas de l'avenir. Dieu y pourvoira si elles se donnent totalement à son oeuvre. C'est bien la pensée de Nicolas Barré. Une idée cependant lui vient à l'esprit lorsqu'il les rencontre. Elle mûrit lentement mais se fait de plus en plus claire, harcelante même, jusque dans sa prière : le moment n'est-il pas venu de proposer à ces "Maîtresses Charitables" de former une communauté? Pas une communauté religieuse, mais une communauté séculière, unie par un engagement apostolique commun, animée d'un même esprit, entièrement abandonnée à la Providence de Dieu. Une communauté qui refuserait les sécurités des monastères et des couvents pour aller rejoindre, là où elles sont, les filles et les femmes pauvres, abandonnées, délaissées, perdues, et leur donner la formation humaine et spirituelle à laquelle elles ont droit.

Jamais aucune des jeunes femmes n'avait évoqué cette possibilité. Lorsque la première allusion leur en est faite, elles ne saisissent pas de quoi il s'agit. Laissons encore la parole à Marguerite : "Quelque temps après (l'examen de catéchisme à Saint Vivien), notre Très R.P. Barré nous dit qu'il avait une forte pensée et inspiration de faire une communauté! Voici comment il nous proposa et envoya : "Allez-vous-en", dit-il, "dîner chez vos soeurs qui font les écoles auprès des Carmélites; ensuite, priez-les de dîner chez vous à l'école des Pénitents, et voyez si vous pouvez vivre en union les unes avec les autres". Nous y fûmes par obéissance, mais bien aveugles, ne comprenant pas le mystère. Ensuite le R. P. nous demanda : "Voulez-vous vivre en communauté, à la charge et condition que vous ne serez pas assurées? Vous n'aurez que le nécessaire, que bien petitement. Si vous êtes malades, on vous enverra à l'Hôtel-Dieu. Il faut être prêtes à mourir au coin d'une haie, abandonnées de tout le monde, et demeurer dans cette disposition toute la vie. Voyez ce que vous avez à répondre. Nous répondîmes de très grand coeur, oui, nous voulons, et nous nous abandonnons à la divine Providence en total désintéressement. Aussitôt dit, aussitôt fait. Nous entrâmes en communauté".

Nicolas n'a rien imposé. Il propose : "Voyez si vous pouvez vivre en union les unes avec les autres". "Voyez ce que vous avez à faire". Le oui des jeunes femmes est sans détour. Il est fondé sur leur expérience, elles savent qu'elles ne seront pas déçues.

Le petit groupe s'organise. C'est Françoise Duval qui en est la coordinatrice. Madame du Buc, une femme connue pour ses grandes qualités, assure la responsabilité de toute l'organisation matérielle et de la subsistance de la petite communauté. C'est elle qu'on appelle la supérieure. Premières années où tout semble, sinon facile, du moins heureux et lumineux. "Nous vivions dans une sainte union, douceur, humilité, prévenance les unes envers les autres, et observions le recueillement et le silence" (ML).

La même année, Adrien Nyel tente une démarche similaire avec les maîtres. Mais les liens sont plus fragiles, l'unité plus difficile. De son côté, le groupe des hommes influents de la ville, engagés dans la Compagnie du Saint Sacrement, reçoit, en cette année 1666, un coup terrible. La Compagnie a été supprimée par un édit royal, elle est dissoute. L'autorité du roi n'admet aucun contre pouvoir. Pour Louis XIV, même divisée comme elle l'est en France, l'Eglise reste une force à contrôler. Il veut empêcher Rome de s'immiscer dans les affaires nationales. Les rapports entre l'Etat et l'Eglise - certains évêques, ordres religieux, groupes laïcs - sont et resteront tendus.

C'est dans ce contexte que Nicolas Barré est à nouveau délégué au chapitre provincial qui se tient à Nigeon. Quelques jours auparavant, la communauté des Minimes s'est réunie pour élire son supérieur. Elle le fait chaque année, et nul n'est renouvelé deux ans de suite dans ce mandat. Cette fois, c'est vers le Père Barré que se portent les votes de ses confrères. Ils admirent son zèle infatigable, mais surtout cette alliance de fermeté, d'exigence et de bonté qui font de lui un guide très sûr. Si Nicolas se déclare indigne de la charge, il n'a plus les raisons de refuser qui étaient les siennes à la fin du séjour à Amiens. Il revient de Nigeon confirmé dans sa responsabilité.

C'est peu après que parvient à Rouen une copie manuscrite d'un texte adressé aux autorités de la ville de Lyon écrit par un certain Charles Demia. C'est un prêtre chargé de toutes les écoles de son diocèse, et bien connu dans cette région. On lit son document, on se le passe, on s'étonne, on commente, on s'enthousiasme ou l'on se scandalise. Mais la situation décrite dans ces "Remontrances faites à Messieurs les Prévosts des Marchands, échevins et principaux habitants de la ville de Lyon" est bien celle à laquelle, depuis quelques années, à Rouen, Nicolas Barré, Antoine de la Haye et le groupe des "Maîtresses Charitables" cherchent à porter remède. Si, dans le Royaume de France, d'autres sont conscients des grands malheurs de la jeunesse populaire, s'ils se mettent à alerter l'opinion, et à agir en sa faveur, alors de grands espoirs sont permis. Charles Demia, non sans ironie, débute ses remontrances par des louanges aux administrateurs de Lyon, où l'industrie de la soie commence à enrichir la ville, en faisant son renom. "Ils ont", écrit-il, "rendu cette ville une des plus considérables dans le négoce, des plus régulières dans les bâtiments, des mieux policées dans les règlements, leur vigilance s'étant même étendue aux pavés des rues et aux boues des carrefours". "Mais cette richesse et cet ordre apparents ne sont qu'une façade qui cache", dit Demia, "un cloaque infect".

"Les enfants des familles riches ont toute facilité pour s'instruire, mais pour les pauvres, n'ayant pas les moyens d'élever ainsi leurs enfants, ils les laissent dans l'ignorance de leurs obligations. Le souci qu'ils ont de vivre fait qu'ils oublient celui de leur faire apprendre à bien vivre. Et eux-mêmes ayant été mal élevés, ils ne peuvent communiquer une éducation qu'ils n'ont jamais eue... Ainsi l'on voit avec un sensible déplaisir que cette éducation des enfants du peuple est totalement négligée, quoiqu'elle soit la plus importante de l'Etat. Ils en sont le plus grand nombre, et il est autant et même plus nécessaire d'entretenir pour eux des écoles publiques, que des collèges pour les enfants d'honnêtes familles. De ce peu de soin qu'on a d'éclairer les jeunes gens s'ensuit une prodigieuse ignorance de Dieu... et préjudicie beaucoup au public et aux particuliers... Car les jeunes gens mal élevés tombent ordinairement dans la fainéantise, de là vient qu'ils ne font que traîner les rues et battre le pavé. On les voit attroupés par les carrefours, où ils ne s'entretiennent le plus souvent que de discours dissolus. Ils deviennent indociles, libertins, joueurs, blasphémateurs, querelleurs. Ils s'adonnent à l'ivrognerie, à l'impureté, au larcin et au brigandage. Ils deviennent enfin les plus dépravés et factieux de l'Etat, dont ils gâteraient le reste du corps sans le fouet des bourreaux, la galère des princes, les gibets de justice... Si la bonne instruction est nécessaire chez les pauvres garçons, elle ne l'est pas moins chez les pauvres filles : ce sexe a d'autant plus besoin d'être soutenu par la vertu que sa faiblesse est plus grande. D'où croit-on que viennent les désordres et les jalousies dans les maisons, tant de lieux infâmes dans la ville, tant d'enfants exposés dans l'hôpital, tant de dissolutions publiques?"

Le texte est dramatique, comme l'est la situation, et Demia sait plaider sa cause. "Il n'y a pas d'autres moyens de tarir la source de tant de désordres, et réformer chrétiennement les villes et les provinces, qu'en établissant de petites écoles pour l'instruction des enfants du pauvre peuple, dans lesquelles, avec la crainte de Dieu et les bonnes moeurs, on leur apprendra à lire, écrire et chiffrer, par des maîtres capables de leur enseigner ces choses, qui les mettraient heureusement en état de travailler en la plupart des arts et des professions". En prenant en charge l'éducation des filles, "il n'y aurait pas tant de peines de purger la ville de lieux infâmes, puisque l'oisiveté et la pauvreté, qui sont les deux sources de la prostitution, en seraient bannies, vu que l'on remédierait à l'un et à l'autre en ouvrant leur esprit par de saintes connaissances, qui les rendraient industrieuses pour gagner leur vie, et mieux disposées aux emplois qu'on leur offrirait"... Quand on fournit aux pauvres des vivres contre la faim, et des vêtements contre la rigueur des saisons, ce sont-là des bienfaits passagers... Mais la bonne éducation est une aumône permanente et la culture des esprits des jeunes gens est un avantage en eux, qu'ils possèdent pour toujours, et dont ils tirent des fruits tout le temps de leur vie..."

L'appel du jeune prêtre de trente ans est pressant, pathétique, il contient aussi un grand nombre de propositions concrètes sur l'organisation des petites écoles en faveur de l'instruction des enfants pauvres. Son retentissement est tel que, quelques années plus tard, le manuscrit sera imprimé pour une plus large diffusion.

Mais déjà il circule. On en parle à Paris, peut-être même à Reims où Nicolas Roland, un jeune diacre dont la famille est alliée aux Maillefer, se prépare au sacerdoce. Un grand désir de servir les pauvres l'anime, et sitôt son ordination, en 1668, il part vers Paris afin de profiter des enseignements et des expériences apostoliques des amis de Vincent de Paul et de Monsieur Olier. Il décide alors de prolonger son séjour parisien par un voyage jusqu'à Rouen. Il avait déjà eu l'occasion d'y visiter les Maillefer lorsque, avant de se préparer au sacerdoce, son père s'était associé avec un membre de leur famille pour le commerce du drap. On parle à Paris du zèle d'Antoine de la Haye et de tout le mouvement apostolique qui a commencé dans sa paroisse autour des petites écoles. Lorsque Nicolas Roland arrive chez Antoine de la Haye, il trouve la maison pleine. Le curé accueille chez lui de jeunes garçons de milieu simple qui pensent au sacerdoce, afin de leur faciliter les études, et de leur assurer les bases d'une vie chrétienne. Il demande au curé "une petite place en son logis pour y faire une retraite ». Mais celui-ci refuse, faute d'espace... ou de temps.

– "Je n'ai pas de place pour vous mettre, Monsieur, à moins que vous ne preniez ma chambre".

– Hé, Monsieur, quelque place que ce fut, je m'en accommoderai, mais non de votre chambre.

– "Il y a ici un dessous d'escalier, si vous le voulez prendre..."

Le jeune prêtre le prend au mot. Il s'installe sous l'escalier, et y dormira chaque nuit durant six mois. Très vite il est en contact avec Nicolas Barré et le groupe des "Maîtresses Charitables". A vingt-six ans, sa vie prend, à leur école, une orientation définitive pour le service de la jeunesse à l'abandon, vécu dans l'amour de la pauvreté jusqu'au dénuement. Nicolas Barré pressent en cet autre Nicolas l'étoffe d'un saint, et avec Antoine de la Haye, décide de l'inviter à nouveau à Rouen, en 1670, pour y prêcher le carême.

1668 - Une épidémie de peste se répand sur toutes les provinces du Nord de la France. La ville de Rouen est touchée, tout comme la ville d'Amiens. Depuis septembre 1667 Nicolas Barré a été libéré de la charge de "correcteur" et peut se donner totalement à l'apostolat. Les rencontres régulières avec les Maîtresses des écoles et des catéchismes lui sont souvent source de joie au milieu des peines causées par ces centaines de morts dues à l'épidémie. Les jeunes gens formés par Nyel ont demandé à constituer eux aussi un groupe de "Frères des écoles du Saint Enfant Jésus", et il a accepté de les guider. De plus en plus il est convaincu que seule une solide formation spirituelle et apostolique peut fortifier ces jeunes dans une vocation "fondée sur l'abandon et le dégagement universel" (MF 4). Cependant, la direction spirituelle, et surtout l'accueil, la prière, et l'apostolat en vue de la conversion de ceux qui mènent une vie en rupture avec la Foi, occupent l'essentiel de ses énergies. Quand on lui conseille de ralentir un peu son activité il répond : "Voyez Jésus, Lui, la tête du Corps Mystique, a souffert une passion intérieure continuelle, bien plus forte que celle de son corps, en voyant les ravages du péché en nous ses membres. Il portait le poids du péché d'autrui. A l'imitation du Sauveur, nous ne devons rien épargner pour sortir le prochain de ses égarements. Il faut y sacrifier notre temps, nos intérêts, nos biens, nos vies, comme St Paul qui disait : Je donnerai tout ce que j'ai, et je me donnerai moi-même pour le salut de vos âmes" (MTP 217, 218). Il veille, il prie, il jeûne pour trouver les mots justes, ceux qui toucheront les coeurs les plus endurcis. Il les trouve, car c'est du dedans qu'il les comprend, qu'il communie à leur souffrance ignorée. "A la suite de Jésus, je me considère comme pécheur dans tous les péchés de mes frères" (RA 10).

C'est alors qu'il accompagne quelques personnes sur ce difficile chemin de la conversion, qu'un message lui parvient. La peste n'a point épargné sa mère; elle est au plus mal. Ses soeurs lui demandent de venir la revoir et l'aider dans ses derniers jours. Le Père Antoine Ringaut, son supérieur, l'invite à partir au plus tôt. Barré hésite et ses amis insistent. Il va jusque dans sa cellule pour préparer son bagage. Il pense à sa mère, il pense à ceux qu'il va laisser pour aller la rejoindre. "La revoir... quelle consolation pour elle et pour moi! Mais ces pauvres gens, ces pécheurs à qui j'ai promis mon aide durant ces prochains jours, que deviendront-ils si je les abandonne?" songe-t-il pendant qu'il s'apprête au départ. Il s'arrête un instant, offre tout au secret de son coeur, puis va jusqu'à la cellule du Père Antoine : "Je ne pars pas à Amiens". Et se dirigeant vers la chapelle, il remet entre les mains de Dieu le dénuement extrême de son propre coeur débordant de tendresse pour sa mère qu'il ne reverra plus. Il prie jusqu'à ce que, peu à peu, la paix vienne cohabiter avec sa douleur.

Septembre 1668. Le voici à nouveau supérieur du couvent pour un an. Au cours du chapitre, sa nomination a été fortement contestée par le Père Antoine Masson, devant tous les Pères assemblés. Tout en reconnaissant les qualités de celui que ses confrères de Rouen avaient élu, il estime que ses immenses occupations dans la direction des âmes et des communautés auraient dû empêcher cette élection. Mais, puisqu'elle est faite, c'est au chapitre de refuser de la confirmer. Cependant, ses confrères ne le suivent pas. Les qualités exceptionnelles du Père Barré, son intelligencere-marquable sont connues de tous. Personne ne peut dire que la notoriété qui l'entoure l'a éloigné de la pratique de la règle de vie des Minimes. Il semble, au contraire, que plus on l'estime, plus il prend conscience de sa propre faiblesse. Certains, à l'intérieur de la communauté, comme à l'extérieur, critiquent le soutien qu'il apporte à ces nouveautés intempestives que sont les catéchismes du dimanche faits par des femmes, et cette éducation, bien inutile, donnée aux petites filles. Cela ne l'inquiète pas. "Il faut faire le bien envers tous sans se lasser, et s'attendre en retour à être maltraité! Et par rapport aux injures, il vaut mieux faire comme on fait quand il pleut bien fort. On se met à l'abri, on s'arrête sous un arbre, on laisse passer l'orage sans rien dire. Après cela on continue son chemin ou son ouvrage comme si de rien n'avait été!" (MTP 35 et 79).

Non, ce ne sont pas les critiques et les objections à l'oeuvre des écoles charitables qui l'inquiètent. Mais, depuis quelque temps, prenant prétexte qu'il faut assurer un avenir solide à l'entreprise, des idées circulent qui tentent d'insinuer qu'on en demande trop à ces femmes et à ces hommes. Vivre ainsi, sans sécurités, sans assurance pour l'avenir, cela ne peut durer bien longtemps. Si quelques personnes fortunées assuraient la pérennité des écoles de leurs deniers personnels, certainement le nombre et l'ardeur des maîtres et maîtresses augmenteraient. D'ailleurs, plusieurs de ces messieurs seraient prêts à le faire. Tel n'est pas le point de vue de Nicolas : les assurances, les sécurités, mèneront l'oeuvre à sa ruine. Plusieurs fois déjà il s'est entretenu avec les premières qui s'étaient lancées de grand coeur dans l'aventure. Elles partagent sa conviction. Il faut que celles qui joignent leur petit groupe - elles sont bientôt près de trente - acceptent ces conditions. Et pour le leur faire savoir, elles rédigent un texte qu'elles feront signer aux nouvelles venues le jour de leur association à la communauté.

"Jésus

L'esprit de l'Institut des soeurs Maîtresses des Ecoles Charitables du Saint Enfant Jésus est d'enseigner au prochain de leur sexe les premiers éléments de la doctrine chrétienne. Elles le font d'une manière apostolique, et dans cet esprit de désintéressement qui poussa les apôtres à en instruire le monde entier. Aussi est-il nécessaire que toutes les personnes qui s'offriront pour y être admises et reçues en soient bien informées. Qu'elles sachent que la maison de l'Institut n'est pas comme celle des autres Instituts d'un établissement fixe et permanent. On n'y donne pas assurance à celles qu'on y reçoit d'y être conservées pour le reste de leurs jours, ou même longtemps. On y donne si peu de sécurités que les supérieurs ne s'engagent pas même à leur donner quoi que ce soit en cas de renvoi de l'Institut.

L'intention du R.P. Barré, leur admirable fondateur, est de les rendre si dépendantes de la sage, amoureuse, et toute-puissante Providence de Dieu, qu'elles en relèvent uniquement, incessament, et pour toujours pour l'entretien et la subsistance temporelle. Il le fit, fort persuadé que leurs services pour Dieu et leur cher prochain étant rendus gratuitement et pour les motifs du pur amour, elles auraient d'autres récompenses que celles qui sont dans le pouvoir des hommes. Elles se rendraient dignes de manière sûre et certaine des récompenses grandes et admirables que Dieu s'engage de donner, pour le temps et pour l'éternité, à ceux qui ne cherchent que son règne.

Afin donc que toutes soient bien instruites de cet article si essentiel à l'esprit de l'Institut, et que dans la suite des temps les soeurs n'en prennent pas occasion de murmure s'il arrive qu'on les renvoie à cause de leurs manquements et infidélités réitérés, elles seront toutes sérieusement averties, dès les premiers jours de leur entrée en communauté, qu'on ne les y reçoit qu'aux conditions suivantes :
1) elles y travailleront tout de bon à leur perfection en servant fidèlement Dieu et leur cher prochain
2) elles ne s'attendront à nulle autre récompense temporelle pour leurs services rendus dans l'Institut, quelque longs et considérables qu'ils auront pu être
3) comme elles seront libres de sortir de l'Institut quand il leur plaira, de même, les supérieurs seront en plein droit de les renvoyer, après plusieurs années de services et sans récompenses, quand ils ne les trouveront pas dignes et capables de l'emploi". Le texte est clair. Pour le groupe grandissant, et maintenant dispersé dans les faubourgs et campagnes environnantes, il fixe l'essentiel de l'engagement qui les unit.

"Nous soussignées, ayant lu et relu ce qui est écrit ci-dessus, nous en avons agréé les conditions et reconnaissons que nous ne sommes entrées dans la maison des Ecoles Charitables qu'aux conditions sus-dites".

Suivent trente signatures, plus ou moins habiles; le document ne laisse plus planer aucune ambiguïté, mais ce ne sera pas si simple !

fr. Nicolas Barré

NICOLAS BARRÉ 1621-1686

« Par sa foi,
il fut reconnu prophète. »
Si. 46, 15

ACTE DE BAPTÊME DE NICOLAS BARRÉ
AMIENS – 17 DÉCEMBRE 1621

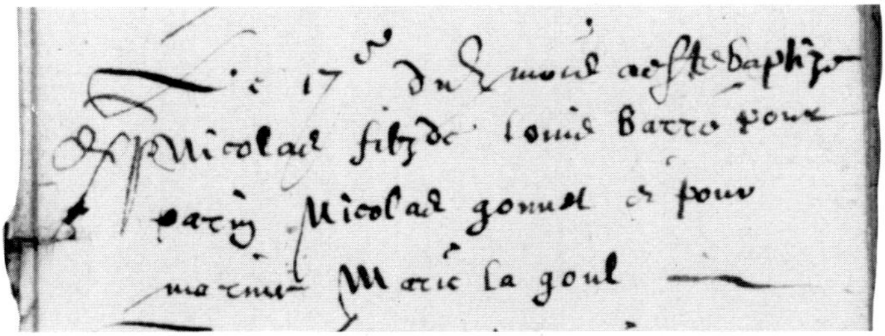

Le 17 dudit mois
a été baptisé
Nicolas,
fils de Louis Barré,
pour parrain
Nicolas Gonnet,
pour marraine
Marie La Goul.

ÉGLISE
SAINT-GERMAIN

LOGETTES ENTRE LES CONTREFORTS DE SAINT-GERMAIN.

MAISON
PLACE
DU MARCHÉ
AU FEURRE

VUE D'AMIENS AU 17ème SIÈCLE

Au premier plan
la Somme et les fortifications.

SAINT FRANÇOIS DE PAULE 1416-1507
Fondateur de l'Ordre des Minimes

COUVENT DES MINIMES DE LA PLACE ROYALE A PARIS

**CONTRASTES DU « GRAND SIÈCLE »**

LE GENTILHOMME

LES GUEUX

LES MISÈRES ET LES MALHEURS DE LA GUERRE

## COUVENT DES MINIMES – ROUEN

L'ÉGLISE

TRUMEAU DU PORTAIL
St François de Paule

LE CLOÎTRE

MAISON DU 16ème SIÈCLE

Angle Rue Bourg-l'Abbé et rue Abbé-de-l'Epée, un des lieux de Rouen où ont été ouvertes les premières « Ecoles Charitables ».

CHARLES DEMIA
1637-1689

NICOLAS ROLAND
1642-1678

SAINT JEAN-BAPTISTE
DE LA SALLE
1651-1719

# CHAPITRE 8

## Rouen-Paris-Rouen, 1670-1675

Quand Nicolas Roland revient à Rouen, en 1670, pour y prêcher le carême, il passe de nombreuses heures avec Nicolas Barré, Antoine de la Haye, et tous ceux qui se sont engagés avec eux dans l'éducation populaire. Il s'entretient souvent avec le religieux Minime, il entend aussi les objections de ses opposants. Il ne faut guère s'en étonner, dit Barré, "l'esprit de notre petit groupe de Maîtresses Charitables est plus particulier et plus rare qu'on ne s'imagine. Fort peu de personnes en sont vraiment pénétrées, et beaucoup le critiquent. Il est tout fondé sur l'Abandon et le dégagement universel" (MF 3,4).

Les administrateurs laïcs, qui ne sont pas membres du jeune Institut, mais qui se sont engagés à le soutenir, dépassent parfois le cadre de leurs responsabilités; ils risquent, par des conseils d'une sagesse toute humaine, et bien compréhensible pour des gestionnaires, d'en ruiner l'esprit. Nicolas a beau leur répéter que "l'Institut est un dessein divin, qu'il ne faut pas le faire dépendre des moyens ordinaires à la sagesse et à la prudence humaine" (MF 8), il n'est pas toujours écouté. Ils veulent établir l'entreprise sur des bases matérielles solides, et la préserver des problèmes économiques à venir. Servien de Montigny, Monsieur de Grainville, et d'autres, se disent prêts à placer un capital, pris sur leur fortune personnelle, pour assurer un revenu fixe aux écoles. Ils ont parfois même l'appui de certaines des Filles Maîtresses, soit qu'elles s'inquiètent de l'avenir de leur oeuvre, soit qu'elles trouvent, à la longue, trop exigeante cette manière de vivre dans l'Abandon. L'une ou l'autre s'en est même ouverte à son confesseur qui a pris leur parti auprès des administrateurs. Cela est venu aux oreilles de Nicolas Barré qui s'en attriste. La communauté augmente; elle a commencé à se disperser, par groupes de deux ou trois, jusque dans les campagnes environnantes. Mais quel en sera l'avantage si l'esprit qui l'anime vient à disparaître?

Il s'en entretient avec Nicolas Roland, qui mûrit chaque jour davantage le projet de commencer la même oeuvre à Reims. Barré répète et insiste : "Il ne faut pas admettre pour administrateur, dame associée ou soeur Maîtresse, dans aucune de ces communautés, une personne qui n'a pas une Foi profonde, un grand zèle pour le salut des âmes, un complet désintéressement, un appui total en la divine Providence. S'éloigner de cet esprit, c'est s'éloigner du Saint Esprit! Et cela quels que soient les avantages que ces personnes pourraient offrir ou promettre comme soutien matériel ou compétences particulières" (AS 8).

Marguerite Lestocq témoignera plus tard de ces temps difficiles pour la fidélité à l'inspiration originelle : "Il y a eu de grandes difficultés après plusieurs années, tant de la part de messieurs les curés, messieurs les ecclésiastiques, les religieux et les personnes du monde qui ont bien donné de l'exercice, dont notre Très Révérend Père a bien souffert. Il a bien sué et travaillé, et s'est bien sacrifié pour établir la maison. Il s'est bien fatigué et ruiné la santé pour nous donner de saintes et toutes divines exhortations. Il nous mettait dans le coeur et dans l'esprit tout ce qui nous était nécessaire pour notre salut et celui du prochain. On ne peut exprimer les peines que notre Révérend Père s'est données !"

Pour commencer à Reims une oeuvre similaire, il faudrait, pense Roland, une de ces filles qui a été à l'origine du mouvement rouennais, et qui en possède bien l'esprit. Lorsqu'il leur exprime ce souhait, Antoine de la Haye et Nicolas Barré pensent tous les deux à Françoise Duval. Elle a vingt-six ans, un grand amour des pauvres et beaucoup d'ardeur apostolique. Et Françoise accepte le risque, Anne Le Coeur l'accompagnera. Roland repart à Reims plein d'espoir; dès qu'il aura trouvé une maison pour y commencer l'oeuvre d'éducation populaire, il fera signe. C'est peu après qu'Antoine de la Haye, l'ami, le collaborateur, le prêtre au zèle infatigable part vers son éternité. La peine de ses proches, tout comme celle du peuple, est immense. On voit des foules de pauvres gens défiler en larmes près de sa dépouille mortelle. Cette mort, pour le Père Barré, c'est le départ d'une des chevilles ouvrières de l'oeuvre des petites écoles, la disparition d'un des garants de l'esprit apostolique du groupe. Désormais le voilà plus seul pour le défendre contre ses nombreux ennemis.

A Reims, la nouvelle parvient à Nicolas Roland qui en éprouve, lui aussi, une grande tristesse. Depuis son retour, il s'est totalement dévoué aux orphelins, spécialement à ceux qui sont accueillis dans la maison de Madame Varlet. Cela ne se fait pas sans tensions avec les administrateurs civils de la ville. Ils lui reprochent d'en faire trop pour de pauvres enfants, d'engager pour eux des dépenses superflues, tout comme d'avoir un Abandon exagéré à la Providence. Mais, fort de l'expérience de Rouen, stimulé par le souvenir de son ami Antoine, fortifié intérieurement par les conseils du Père Barré, rien de l'arrête.

Faute de recevoir l'aide financière qu'il a demandée à l'hôpital général, puisqu'il entretient les orphelines à sa place, c'est de ses propres deniers qu'il achète, le 22 décembre, une maison Rue du Barbâtre, pour y ouvrir une petite école. La formation pédagogique des jeunes filles qui s'offrent pour cette oeuvre sera confiée aux Filles de l'Enfant Jésus, ou Filles de la Providence : c'est ainsi qu'on appelle maintenant à Rouen celles qui seront envoyées.

Le 27 décembre, Françoise Duval, accompagnée d'Anne Le Coeur, quitte Rouen pour Reims. Le coeur de leurs compagnes est partagé entre la peine de voir partir vers l'inconnu, deux des plus chères de leurs soeurs, et la joie de penser qu'avec Monsieur Roland, elles pourront certainement renouveler à Reims les prodiges qu'on a vus à Rouen.

Nicolas Barré, qui entre-temps a de nouveau été nommé supérieur du couvent des Minimes, après une année assurée par le Père Antoine Granjon, voit ce départ avec grande joie. Il a certainement pris le temps de s'entretenir longuement avec les deux jeunes femmes. "N'oubliez jamais que le dessein des Ecoles Charitables est tout pour Jésus, et pour les fins pour lesquelles Il est venu au monde. Suivez-Le dans toutes ses démarches, exécutez toutes choses par les voies qui sont les siennes : pauvreté, petitesse, humilité d'une vie toute ordinaire. Ne vous éloignez jamais de la crèche de Jésus. Et donc simplicité et en toutes choses, même dans l'ornementation de votre chapelle". Oui, vraiment, tout semble aller à contre courant dans cet Institut : même les chapelles doivent éviter les riches décorations du style baroque qui envahit les églises pour faire honneur à Dieu... à moins que ce ne soit aux artistes et aux donateurs.

Partir au temps de Noël, quoi de plus significatif pour Françoise et Anne : toute leur vie est illuminée par l'actualité quotidienne du Mystère de Noël. Bientôt, de Champagne ou de Normandie, d'autres compagnes viendront les rejoindre : le groupe grandit et s'enracine. Les deux jeunes femmes gardent contact avec la communauté rouennaise. Elles reçoivent parfois des messages d'encouragement du Père Barré. Roland a toute confiance dans le Minime. C'est un conseiller qui suscite, éveille, invite, avec bonté, douceur, patience. Puis, lorsqu'il a discerné le chemin sur lequel la personne est attirée par Dieu, il lui propose avec autant d'amour que de fermeté de s'y engager avec courage et vigueur, quelles que soient les difficultés rencontrées. Et lorsqu'elle est suffisamment forte pour tenir dans l'épreuve, il va jusqu'à la délaisser, n'en faire aucun cas, afin qu'elle apprenne à ne compter que sur Jésus seul (MD). Il sait que Roland, tout comme Françoise et Anne, sont des êtres de cette trempe. C'est ainsi qu'il agit avec eux.

Au cours de l'été suivant, un douloureux événement vient endeuiller le couvent des Minimes de la Rue Bourg l'Abbé. Alors qu'il accompagnait ses jeunes confrères étudiants pour une baignade, leur professeur, le Père Etienne Molien, décède accidentellement en voulant sauver l'un d'eux de la noyade. Outre l'immense chagrin de la mort d'un jeune Père, la fin tragique du Père Molien est une terrible épreuve pour le Père Barré. Car Etienne n'est pas seulement pour lui un confrère de la communauté, mais un ami et un confident. Comme Nicolas, Etienne est professeur de théologie. Comme lui, il a connu des heures de doute extrême, et le sentiment d'être abandonné de tous, et de Dieu Lui-même. Ils ont correspondu alors qu'Etienne était éloigné de Rouen pour ses études. C'est probablement à Etienne qu'il adressait ces lignes : "Je ne peux recevoir une lettre de vous, quand elle ne serait que de trois mots, sans me sentir tout transporté de joie et d'action de grâces envers Dieu, pour les faveurs et les miséricordes singulières qu'Il daigne faire à ce précieux moi-même qu'est mon très cher et vénérable Etienne. En lui mon pauvre coeur et mon faible amour divin se sont épanchés comme en une effusion de moi-même" (L 18).

Antoine, puis Etienne : les meilleurs amis s'en vont. L'oeuvre commencée continue de rencontrer des oppositions, ouvertes ou sournoises. La situation dans le Royaume reste tendue : les persécutions ont repris contre les protestants, et l'on entend dire que le belliqueux Louis XIV ne va pas tarder à faire reprendre les armes. Après les années de famine et de peste, on peut maintenant s'attendre à la montée des impôts de tous genres pour payer le luxe de Versailles, mais surtout les guerres et leurs ravages. Beaucoup s'inquiètent. Nicolas est conscient de tout cela, mais il s'efforce de cultiver une sérénité que rien ne semble devoir troubler. Quand de mauvaises nouvelles lui arrivent, il les accueille sans une seule parole de révolte ou d'étonnement, il se contente de prier, et d'affirmer que la miséricorde de Dieu peut toujours faire réussir toutes choses, même les plus désespérées, et les tourner à notre avantage et pour sa plus grande gloire (Raf). Même au milieu de la nuit la plus obscure du coeur et de l'esprit, il continue de croire qu'il n'est pas d'obstacle qui ne puisse devenir chemin. Et alors que tout le monde s'oppose à l'établissement de l'Institut, il ne cesse de répéter que tout va bien, et que les événements prennent le tour qu'ils doivent avoir (Raf).

On l'appelle un jour auprès d'une personne qui avait besoin de son aide, sans doute une de ces pauvres mères de famille que fréquentaient les Filles de l'Enfant Jésus. Il s'y rend, accompagné de quelques-uns des messieurs associés à son oeuvre. Arrive alors un homme tout excité. Qui est-il? Il l'ignore. Mais - est-ce en raison des calomnies qui déjà circulent en ville au sujet du Minime - l'homme commence à se fâcher, et pris de colère, l'insulte face à tous ceux qui, sans rien comprendre, assistent à la scène. Il l'injurie, le frappe, le jette par terre, et profère toutes sortes de menaces horribles. Les épreuves passées, intérieures comme extérieures ont forgé en Nicolas l'extraordinaire force des doux. Et devant l'homme qui le regarde d'abord avec mépris, puis avec étonnement, il s'agenouille. Bien qu'innocent de tout ce dont il l'a accusé, il reconnaît cependant qu'il est coupable. Il demande pardon, et déclare qu'il est prêt à faire ce que l'on attend de lui. Désarmé et stupéfait, l'homme s'éloigne. Nicolas se relève. On l'entoure, et certains s'étonnent : pourquoi se laisser ainsi traîner publiquement dans la poussière? N'est-ce pas marquer trop de faiblesse à l'égard d'accusations injustes et mensongères? Faiblesse ! Oh non, répond Nicolas. Si vous parlez ainsi, c'est que vous ne savez pas la force d'âme et la Foi qui sont nécessaires pour garder le calme intérieur face à de tels assauts imprévus (Raf). Le lendemain, l'homme calmé, se présente au monastère. Touché par la patience et l'humilité du religieux, il vient demander de lui pardonner, d'oublier les insultes qu'il a proférées, et de prier pour lui. Nicolas n'a aucune peine à le lui accorder, au contraire il s'intéresse à la vie du brave homme et lui manifeste la plus grande bienveillance.

En septembre 1672 le voilà à nouveau dans la diligence qui l'emmène vers Paris pour le chapitre provincial. Il ne sait pas encore qu'on va l'appeler à une nouvelle charge : le chapitre l'élit définiteur provincial, c'est-à-dire conseiller du supérieur provincial chargé des couvents de Paris et des régions environnantes. Pourquoi cette élection? Pour beaucoup sans doute, la confiance dans les qualités remarquables de leur confrère. Pour d'autres, peut-être le secret désir de l'éloigner de Rouen, et de le voir se consacrer davantage aux activités spécifiques de l'Ordre. On lui demande d'assurer en même temps la responsabilité du couvent de Nigeon, où se trouve le noviciat. Il faut donc quitter Rouen, puisque par le vote de ses confrères, Dieu le lui demande. Qu'en sera-t-il de l'oeuvre entreprise? Dieu en prendra soin, pense-t-il, puisque c'est son oeuvre.

Toutefois, comme "définiteur", Nicolas garde un lien avec ses confrères de Rouen qu'il va visiter plusieurs fois au cours de l'année. C'est au cours de l'un de ces voyages qu'arrivé tard le soir dans une ville, il décide, avec les Pères qui l'accompagnent, de s'y arrêter pour la nuit. La diligence fait habituellement halte au même hôtel, où les voyageurs partagent quelques grandes chambres. Il y a de la place, et les religieux ont de quoi payer. Mais les autres passagers manifestent clairement à l'hôtelier qu'ils ne tiennent absolument pas à passer la nuit en compagnie de ces pauvres religieux. Sans tenir compte de la nuit noire et de la pluie battante, ils sont mis à la porte. Ils cherchent longtemps et en vain une autre chambre dans la ville, et finalement finissent par s'abriter dans le coin d'une étable. Chez Nicolas, pas un murmure, pas une plainte! Au contraire, il plaisante et semble content de l'aventure. N'a-t-il pas dit aux premières Filles des Ecoles Charitables qu'il fallait être prêtes à mourir au coin d'une haie? Lui, au moins, il a la chaleur d'une étable, et il n'en est pas encore à la mort! Le voilà même plutôt en bonne compagnie puisque les parents de Jésus ont connu les mêmes avanies!

Visites à ses confrères, dans les divers couvents de la province, prédications aux membres du tiers-ordre Minime, dans les paroisses, les monastères - sa réputation l'a précédé à Paris - il ne se ménage guère. Sous les dehors de la plus grande jovialité, il cache une vie très rude de pénitence et de prière. Ses nuits s'écourtent et il a depuis longtemps repris la pratique des pénitences si chères à ce fils de François de Paule.Il garde aussi des liens avec Nicolas Roland et l'oeuvre naissante de Reims. Il sait que non seulement Françoise et Anne instruisent les enfants, mais aussi qu'elles attirent Rue du Barbâtre des jeunes filles d'un âge plus avancé, des femmes qui étaient restées dans une grande ignorance religieuse. Elles les instruisent patiemment, dit-on, et ces personnes, heureuses d'être mieux éclairées, déplorent leur vie passée et en commencent une autre plus chrétienne. Il sait que le chanoine Roland, s'il est critiqué par une partie de la ville, jouit de l'estime de certaines personnes qui admirent sa foi et son zèle. Mais il ne sait probablement pas encore qu'un jeune séminariste de vingt et un ans, qui vient de perdre son père et dont la mère est décédée l'année précédente, laissant à sa charge ses six frères et soeurs, s'adresse à Roland pour en faire son directeur spirituel. C'est un cousin de Madame Maillefer. Le jeune homme se demande, face à la situation familiale, s'il ne devrait pas renoncer au sacerdoce. Mais Nicolas Roland l'encourage à poursuivre : rien ne doit jamais détourner de la réponse à un appel de Dieu. Le nom de ce nouveau dirigé? Jean-Baptiste de la Salle.

Septembre 1673 Nicolas Barré quitte Nigeon pour la Place Royale où l'on a décidé de l'envoyer à nouveau comme prédicateur et confesseur. Le couvent a besoin de réformes. Au temps du Père Mersenne, la communauté a été entraînée dans des relations avec les plus grands savants et érudits du siècle, elle en a tiré une certaine gloire. Depuis la mort du savant, en 1648, elle cherche sa voie d'une manière un peu hésitante. Mais une partie de ses membres est consciente que le renouveau théologique et pastoral de Bérulle, Olier ou Vincent de Paul est plus proche de l'esprit de François de Paule, que les voies suivies dans le passé récent par certains d'entre eux, et veut entrer davantage dans ce mouvement.

Il y a là le Père François Giry qui, en 1652, a dû s'enfuir de chez lui pour rejoindre les Minimes, le 19 novembre, contre le gré de sa famille. Très vite des liens d'amitié se nouent entre Nicolas et François qui admire son aîné. Le Père Barré fait une vive impression à ses confrères qu'il avait quittés, voici quinze ans, pour Amiens.

Le séjour Place Royale sera de courte durée. Un an après, le 27 septembre 1674, Barré est déchargé de sa responsabilité de définiteur provincial. Les deux couvents qui le connaissent le mieux, Amiens et Rouen, l'ont élu comme supérieur. Le chapitre provincial décide d'accepter la requête des confrères de Normandie. Il est à nouveau envoyé à Rouen. Il est accueilli avec beaucoup de joie par tous ceux et celles qui, au cours de ces deux années, se sont sentis privés de ses conseils. Les Filles Maîtresses sont plus nombreuses, les petites écoles se sont multipliées. Mais la générosité des administrateurs reste parfois un obstacle au désintéressement et au pur amour qu'il a rêvés pour les Maîtres et Maîtresses. L'oeuvre a besoin d'être consolidée. Elle ne le sera qu'en s'enfonçant toujours plus, spirituellement et matériellement, dans l'Abandon et l'humilité. Il en est convaincu.

Est-ce en cette année que se situe l'événement de l'invitation par une princesse dont parlent ses deux biographes ? C'est possible, car les deux années à Paris ont fait à nouveau connaître dans la capitale ses qualités particulières de discernement, et la profondeur de son approche de la vie chrétienne. Sa réputation se répand dans les salons mondains où l'on mêle souvent les débats théologiques aux échanges littéraires et aux potins de ville. Si certains sont des lieux où se développe, parmi les laïcs, un véritable courant mystique, il n'en est pas toujours ainsi. La curiosité, les rivalités, la frivolité parfois se mêlent à ces rencontres de la haute société.

On vient donc un jour lui annoncer qu'une femme, princesse alliée à la famille royale, désire le rencontrer. Qui est-elle ? On peut penser qu'il s'agit de la duchesse de Guise, Marie de Lorraine, ou d'Elisabeth d'Orléans. Cette proposition déplaît profondément à l'humble Minime. Il soupçonne, avec quelque raison, un motif de curiosité dans cette invitation et pense qu'elle ne sera utile ni pour lui, ni pour cette personne, pas plus que pour son entourage. En outre, cela est bien contraire à son attrait vers les gens du commun, et il pressent, que ses confrères, ou même ses supérieurs, sont flattés d'une telle demande faite à leur célèbre compagnon.

Tout cela est-il vraiment dans l'esprit des Minimes? Quand François de Paule alla trouver le roi de Naples, c'était bien par obéissance, et loin de l'encenser, il contesta fermement sa politique; c'est par ordre du Pape qu'il partit vers Louis XI, sans toutefois répondre à son attente de miracles en sa faveur. En vrai fils de Saint François de Paule, le Père Barré supplie ses supérieurs de le dispenser de cette entrevue. La princesse est-elle une des bienfaitrices du couvent de la Place Royale à qui l'on ne peut faire l'affront d'un refus? Quoi qu'il en soit, elle a fait envoyer son cocher pour faciliter les deux jours de voyage. Et les supérieurs "ne voulant pas mécontenter une personne de ce rang" (Raf), demandent au religieux de répondre à sa demande. Sans plus discuter, il obéit. Au palais on s'attend à écouter un homme aux propos extraordinaires, qui portera ses auditeurs vers les hauteurs les plus sublimes - ou les plus subtiles - de la mystique. On se prépare à entendre un langage radical, enflammé, qui embrasera les uns, mécontentera les autres et provoquera de magnifiques débats. Mais le Minime se présente avec beaucoup de modestie, ne prend l'initiative d'aucune conversation, attend qu'on le questionne. Cela ne fait qu'exciter la curiosité des invités venus nombreux pour l'événement. Quand vient le moment des entretiens, la princesse pose les questions longuement préparées, sur lesquelles elle désire être éclairée. Les réponses de Nicolas sont brèves, sobres, limitées à l'essentiel. Aucune recherche ni dans le style ni dans le contenu.

Certes, cela ne plaît pas à tous. On s'attendait à des discours recherchés, voire emphatiques, à des conférences séduisantes. On le trouve trop froid, certains commencent à ironiser sur ses propos, d'autres jasent sur une réputation qu'ils jugent surfaite. Cependant, la justesse des réponses apportées et l'attitude d'extrême simplicité du religieux a touché le coeur de la princesse. Elle reconnaît en lui un homme de Dieu, et elle le dit. Des religieux, des prêtres qui font partie de son entourage, voyant qu'elle accorde de l'importance à ces échanges et qu'elle les prolonge, demandent à y participer. Ils ont aussi entendu les commentaires qui circulent au sujet du Minime et veulent se faire une opinion. Ils ont préparé quelques questions difficiles, portant sur la vie mystique, et sur la manière dont Dieu agit dans les divers cheminements spirituels des croyants. Ils écoutent ses propos, préparent leurs objections, cherchent à l'entraîner dans de vaines subtilités. Avec beaucoup de perspicacité et de sagesse, le Père Barré décèle les pièges, et sans se laisser prendre à leurs embuscades verbales, il répond avec sûreté, forçant peu à peu leur admiration.

Parmi eux un jeune théologien tout pétri de sa science, et sans grande expérience, écoute avec mépris des propos dont la profondeur échappe complètement à son approche purement intellectuelle de la religion. Voulant montrer à tous la supériorité de ses propres connaissances, il lui semble trouver l'occasion opportune de contester l'une des réponses du Minime. Il l'accuse de falsifier un texte de Saint Thomas d'Aquin, utilisé pour une de ses argumentations, et le traite publiquement d'ignorant. En quelques mots, sans se décontenancer, Nicolas réfute les affirmations du jeune théologien. Mais celui-ci s'obstine. Le Minime a l'habitude de répondre par le silence aux injures, aux accusations ou aux contradictions. Cette fois, il ne s'agit pas de lui-même mais de la vérité concernant les écrits de Thomas d'Aquin. Il fait donc apporter la Somme Théologique et demande de lire le passage contesté. A la grande confusion de son contradicteur, on entend énumérer les points abordés par le Minime, non seulement dans le même ordre, mais presque mot à mot! La princesse conclut la séance avec un sourire, invitant le théologien à assister désormais en disciple docile aux entretiens du Père Barré.

Après quelques jours, quand Nicolas repart vers son couvent, il rend grâces à Dieu d'avoir bien voulu, contre son gré, se servir de lui pour toucher le coeur de son illustre interlocutrice. Celle-ci, de son côté, reconnaît que son invitation, motivée par la curiosité et le doute sur la doctrine spirituelle du religieux, lui a ouvert des horizons insoupçonnés vers lesquels elle veut désormais avancer. "Je ne croyais pas ce que l'on m'avait rapporté de votre sagesse. Il a fallu que je la voie de mes propres yeux ; et je reconnais que ce qu'on m'en avait dit n'est pas même la moitié de la vérité" (Th). Contre sa volonté, François de Paule était parti vers le roi de France, et ce fut une des causes providentielles de l'essor de l'ordre des Minimes. Si la princesse dont nous parlent les deux témoins, le Père Raffron et le Père Thuillier, est bien Marie de Lorraine, duchesse de Guise, alors un parallèle est permis. C'est contre son gré que Nicolas est allé la trouver : cette rencontre jouera un rôle providentiel dans l'essor de l'Institut des Maîtresses Charitables.

# CHAPITRE 9

## Rouen-Paris, 1675-1677

Revenu à Rouen en septembre 1674, Nicolas Barré n'y restera qu'une seule année. A la fin de son mandat de supérieur, il est à nouveau envoyé à Paris au couvent de la Place Royale. Tant à Rouen qu'à Paris, il est maintenant un confesseur, un prédicateur, un directeur spirituel des plus réputés. On se dérange pour le consulter, comme en témoigne la lettre de Henri-Marie Boudon, archidiacre d'Evreux, adressée à une personne de Rouen. Il y compare le zèle et le rôle joués par les curés de paroisse à l'influence des religieux. "Dans Rouen, quel éclat n'a pas eu le Père Barré! De simples religieux font bruit et éclat dans les provinces étrangères, comme je l'ai vu, et dans des lieux où l'on ne connaît pas même le nom d'aucun des Messieurs les curés de Rouen. De nombreux curés de Rouen ont demandé avis au Père Barré, et je ne connais pas un seul religieux qui en demande à ces Messieurs!" (Pos. 35) Ces comparaisons déplaisent à Nicolas qui sait bien le rayonnement qu'a eu Antoine de la Haye, et bien d'autres prêtres, tant à Paris qu'à Rouen. A ceux qui tiennent de tels propos, il réplique "Parler ainsi, c'est diviser, alors que la charité de Jésus est une et indivisible. Estimer le clergé et mépriser les religieux, ou donner tout l'honneur aux religieux en n'ayant que de l'indifférence pour les ecclésiastiques, cela ne vaut rien. Il faut être catholique, c'est-à-dire uni et lié universellement, en Jésus, avec tous ceux qui lui appartiennent" (MTP 144).

Sans doute est-ce sa renommée qui l'a fait rappeler à nouveau à Paris par ses supérieurs. Après sa mort, le Père Thuillier témoignera, avec le ton enthousiaste de l'ami : "Quant à la vie spirituelle et mystique, il est manifeste que le Père Barré n'eut pas son second (= son pareil) dans le siècle. Il était arrivé aux dernières limites dans cette science. Nombreux sont ceux qui, sans aucun respect humain, attestent publiquement qu'ils doivent leur conversion, après Dieu, au zèle du Père Barré qui a su trouver le chemin pour toucher leur coeur jusque là endurci".

Cette renommée grandissante, ce don de convertir, de transformer des vies jusque là superficielles, voire déshonnêtes, orgueilleuses, ou dissolues, tout comme les heures passées auprès des Filles des Ecoles Charitables, continuent cependant d'exciter les critiques, les jalousies, parfois même le soupçon. Des lettres sont envoyées à ses supérieurs, des visites leur sont faites pour mettre en doute son honnêteté. On agit de même auprès de certains évêques, ou supérieurs d'Ordres religieux. On le dénonce comme étant "un homme sans règle et sans moeurs".

On va même plus loin : on l'accuse de tromper le peuple, d'utiliser la magie et la sorcellerie pour deviner les pensées d'autrui et influencer les comportements. Grave accusation : à une époque alors encore récente de telles dénonciations pouvaient entraîner, après une enquête très poussée, la condamnation à mort. Depuis seulement quelques années il n'en est plus ainsi, mais les tribunaux ecclésiastiques continuent à faire comparaître les prêtres soupçonnés de telles pratiques. Si la preuve en est faite, ils sont suspendus de tout ministère. Plusieurs fois Nicolas Barré est appelé devant les juges pour répondre à des accusations portées contre lui. Il ne s'en émeut pas : "Laissez-les donc! N'essayez pas d'imposer silence à mes calomniateurs, Dieu permet que je sois tourmenté ainsi, et ils ne peuvent trop le faire. Vous verrez! Dieu en sa miséricorde, finira par faire réussir toutes choses à notre avantage, et pour sa plus grande gloire (Raf)". Or c'est bien ainsi que les choses se passent. La sagesse, l'humilité et la prudence des réponses du Minime à ses juges, coupent court à la poursuite des enquêtes. Bien plus, les membres du tribunal l'encouragent chaque fois à poursuivre son ministère, plus encore, à l'intensifier.

A quelle profondeur de relation avec Dieu Nicolas puise-t-il cette force paisible devant toutes les épreuves? Comment peut-il à la fois subir tant d'assauts intérieurs - nuit, doutes, désolations - et extérieurs - soupçons et calomnies - sans se départir de sa sérénité? Car sa Foi, loin de lui épargner la souffrance, le rend au contraire plus sensible à certaines blessures. Mais, ainsi qu'il l'exprime dans son Cantique Spirituel, il y consent "avec douce liberté". Alors :

"L'âme souffre très purement,
et pâtit les divines choses.
Mais elle ne les souffre pas
comme un corps saisi du trépas,
tout à fait privé de son âme,
ou comme un rocher ou cristal
recevrait le brillant d'une flamme,
sans principe et concours vital.
Sa souffrance est pleine de vie" (CS 28).

Pour lui, les souffrances, les humiliations, le mépris, les contradictions, peuvent être transformés en autant de moyens pour avancer dans l'amour. Avec le temps, ces épreuves font passer en Dieu sans même qu'on le sache. Car, si on le savait, dit-il, on ne serait encore qu'en soi-même (L 37).

La dernière année à Rouen est mise à profit pour consolider l'oeuvre des petites écoles. Les deux années d'absence ont souligné la difficulté de maintenir l'inspiration originelle dans toute sa vigueur. La nécessité d'une formation, tant spirituelle que pédagogique, des jeunes filles qui se présentent pour s'associer au groupe des "Maîtresses Charitables" s'avère impérative. Il faudrait, pense-t-il, ouvrir un "séminaire" où ces jeunes pourront être initiées à leur nouvel emploi. Observatrices pendant une semaine (SR 10,4), elles seront, pendant un an, suivies dans la pratique, avant de pouvoir être envoyées à la campagne ou dans d'autres villes (SR 14,20). Il ne s'agit pas, pour les intéressées, de recevoir une formation théorique, mais d'être aidées à faire une réflexion continue sur leur pratique, et surtout sur les obstacles et difficultés rencontrés dans leur mission. "Les filles mises d'abord en emploi avancent beaucoup plus que si on les instruit longtemps avant de les mettre dans l'exercice des classes, et de la formation chrétienne", dit Nicolas, qui observe avec clairvoyance le cheminement de chacune. "C'est la nécessité d'agir qui ouvre l'esprit et lui fait faire des efforts profitables, qui forment rapidement une Maîtresse ; les difficultés, les échecs forment l'intelligence. D'ailleurs, la meilleure manière d'apprendre, c'est d'enseigner !" (MIS).

Les Filles Maîtresses, une fois lancées sur cette voie, au fur et à mesure des besoins, continuent de se former, humainement, spirituellement, pédagogiquement, pour mieux remplir leur tâche. Parfois il s'agit simplement de s'exercer elles-mêmes chaque jour à la lecture et à l'écriture qu'elles maîtrisent encore mal, bien qu'elles les enseignent. Parfois il s'agit d'approfondir leur propre Foi, pour mieux la communiquer, parfois d'y voir un peu plus clair sur les exigences concrètes de la vie chrétienne dans les comportements quotidiens, afin de pouvoir éclairer les consciences embrouillées.

En tout Nicolas soutient, encourage, stimule. Pour tout, il prie, se sacrifie, sans se préoccuper de sa santé qui donne parfois quelques signes inquiétants.

A-t-il l'intuition qu'il ne reviendra plus vivre à Rouen lorsqu'il part vers Paris pour y être à nouveau professeur de théologie, en octobre 1675? Est-ce en cette circonstance qu'il avoua à un ami qu'il est des moments où il faut préférer dire "que ta volonté soit faite" plutôt que "ton règne vienne"? Il sait qu'il laisse derrière lui une oeuvre aussi fragile que dynamique. Durera-t-elle? Elle est tout entière apostolique, sans autre but que de rendre aux pauvres leur dignité d'enfants de Dieu et d'ouvrir leurs coeurs à son amour : elle est un vivant "que ton règne vienne". A Rouen, Nicolas Barré a vu germer les fruits nés du grain mort à Paris et enfoui à Amiens. C'est maintenant, il le sait, l'heure de repartir vers Paris pour toujours : "Que ta volonté soit faite..."

Paris - Le voici à nouveau dans le quartier du Marais. Il retrouve le couvent de la Place Royale, entouré de résidences luxueuses aux vastes jardins. L'hôtel des Guise, celui des Rohan sont là tout proches. Les carrosses qui circulent dans les rues étroites attirent sans cesse une foule de curieux. Les nombreux couvents et monastères contribuent également à faire de ce quartier de Paris un lieu très fréquenté. De ce fait, on y rencontre bien des pauvres, des mendiants, des misérables en guenilles, qui cherchent quelques bonnes affaires... espérant éviter les rafles de la police qui les emmènerait de force à l'hôpital général. Les "demoiselles du Marais" sont aussi bien connues dans tout Paris. Bref, ce quartier de contrastes a peu changé depuis le jour où Nicolas partait pour Amiens, voici dix-sept ans. Quelques constructions nouvelles, l'éclairage des rues principales par des lanternes, en vue d'assurer une plus grande sécurité durant la nuit, sont les modifications les plus notables.

Au couvent des Minimes, le religieux retrouve un autre contraste : d'un côté les humbles cellules des religieux, de l'autre le luxe de l'église, et surtout de ses chapelles latérales. Elles appartiennent aux plus riches familles du quartier, et renferment des monuments funéraires somptueux. Le couvent lui-même, comme ceux de l'époque, accuse une certaine recherche dans la décoration artistique. Il n'est pas devenu le couvent "pauvre et petit" voulu par François de Paule. Nicolas revoit la salle capitulaire et le réfectoire ornés de peintures en grisaille de la Hyre, représentant des scènes de l'Evangile et des paysages. Les curieux viennent visiter les galeries supérieures du cloître où le Père Niceron, peintre lui-même, avait ménagé la perspective de telle manière qu'on y pût voir, selon le point de vue, soit des paysages ornés d'arbres et de fleurs, soit des scènes de la vie de Saint Jean à Patmos et Marie-Madeleine dans sa grotte. D'autres curiosités, vestiges des savants et chercheurs qui avaient vécu dans le couvent, dans la première moitié du siècle, attirent encore les visiteurs.

A tout cela Nicolas ne s'intéresse guère. Il revient à Paris comme professeur de théologie et confesseur, et pour contribuer à un retour de la communauté à une vie plus authentiquement Minime. "La science est souvent un obstacle à la sainteté. Elle est utile dans la mesure où elle éclaire le jugement, mais elle enfle, elle nourrit l'amour propre et l'orgueil. Il nous faut devenir minimes en vérité. C'est encore plus que d'être le plus petit" (MTP 80,81), se plaît-il à répéter à ceux qui pourraient regretter la gloire déjà quelque peu estompée.

A Paris, il garde des liens avec l'oeuvre entreprise à Rouen. Il reste le directeur spirituel de l'Institut qu'il a fait naître, on lui écrit, on l'informe. Il est également en relation avec Nicolas Roland et apprend avec joie que Françoise et Anne, et leurs compagnes de Reims, après cinq années, enseignent environ mille enfants dans divers quartiers de la ville. Non loin du couvent parisien des Minimes, près de la Place Saint Jean-en-grève, se situe le palais de Marie de Lorraine, Duchesse de Guise. A soixante ans, elle y vit simplement, consacrant une bonne partie de sa fortune à subvenir aux besoins des pauvres. Elle voudrait bien avoir sur sa paroisse une école populaire qu'elle est prête à financer de ses propres deniers. De telles initiatives avaient déjà vu le jour dans plusieurs quartiers parisiens, avec plus ou moins de succès : les Filles de Sainte Geneviève à Saint Nicolas du Chardonnet, de la Sainte Famille à Saint Paul, les Filles de Sainte Agnès à Saint Eustache, les Filles de l'Union Chrétienne sur la paroisse de Bonne Nouvelle. Comme les Maîtresses Charitables de Rouen, elles ne font pas de voeux et gardent leur statut séculier. Elles sont financées par une personne fortunée de leur paroisse. Elles forment des communautés limitées en nombre, localisées sur un quartier mais sont loin de pouvoir répondre aux besoins immenses d'une jeunesse presque totalement négligée.

Aussi, c'est au Père Barré que Marie de Lorraine s'adresse : elle souhaite trouver quelques femmes prêtes à prendre en charge des pauvres filles du quartier de la Place de Grève. Le Minime ne peut qu'approuver ce projet et, en liaison avec les administrateurs des Ecoles Charitables de Rouen, il fait appel à Anne Corneille pour commencer à regrouper les fillettes dans une salle de l'hôtel de Saint Faron, près de la Rue des Billettes. Anne Corneille est la première des signataires de l'engagement de 1669. Elle a librement accepté de vivre dans une disponibilité totale. C'est sans hésitation qu'elle quitte Rouen pour Paris. Elle sait qu'elle aura le soutien et les conseils du Père Barré, et cette joie est plus forte que la peine ressentie en quittant sa ville natale.

Dans la diligence qui la mène à Paris, on évoque sûrement le retentissant procès qui se déroule actuellement dans la capitale. Une affaire de poisons à laquelle, dit-on, seraient mêlés de bien grands personnages de la cour, et même des ecclésiastiques. L'accusée principale est la Marquise de Brinvillers. Anne Corneille ne se doute pas que, dans quelques mois, le 17 juillet 1676, sur la Place de Grève, à quelques pas de la petite école qu'elle va ouvrir, ses élèves se joindront à la foule venue assister à l'exécution de "La Brainvillers". Nicolas Barré a prié pour cette femme et pour tous ceux que troublent toutes ces affaires de poisons, de sorcellerie, de magie noire. Parmi eux, certains viennent lui demander quelques lumières dans ces ténébreuses affaires. Il conseille ceux qui sont affrontés à ce problème en raison des pratiques de personnes de leur entourage (L 38).

Le 7 novembre, les quarante membres de la communauté des Minimes (vingt prêtres, sept étudiants, treize frères), sont réunis pour accueillir leur "correcteur" général, le Père Pietro Corti, originaire de Cosenza. Il reçoit chaque religieux, en commençant par les aînés. Nicolas a cinquante-cinq ans et compte trente-cinq années de vie Minime. Il est le huitième à s'entretenir personnellement avec son supérieur sur la vie de la communauté et de la province. Rencontre assez formelle, où le religieux prête serment : la main sur la poitrine, il jure de dire la vérité. Nicolas est heureux de pouvoir donner un jugement positif sur la vie du couvent et de sa province. Le 19 novembre, le Père Corti quitte ses confrères de la "Place Royale" réconforté par le désir sincère de la majorité des religieux de vivre davantage selon l'esprit et la règle de leur fondateur. Il a entendu aussi parler du bien considérable qui s'est fait à Rouen par les Filles Maîtresses des Ecoles Charitables, inspirées et formées par son confrère Nicolas. Il a écouté les doutes émis par certains Pères sur la durabilité d'une oeuvre reposant sur la faiblesse des femmes, et sur la Providence de Dieu! Mais il ne met aucun obstacle à la poursuite de l'oeuvre entreprise.

Très vite quelques jeunes filles viennent se joindre à Anne Corneille. Certaines arrivent de Rouen : Marie Deschamps, Marie Hayer, d'autres sont parisiennes. Si elles sont poussées par le désir de servir les pauvres, elles sont tout autant attirées par l'esprit apostolique si désintéressé qui anime Anne. Elles savent qu'elle l'a reçu du Père Barré, et veulent aussi se mettre à son école. Des jeunes gens s'engagent également dans l'éducation populaire, aidés et soutenus par Nicolas Barré. Les demandes se multiplient : en cette année 1677 un nouveau tournant est pris dans la vie de l'Institut, que Nicolas sent de plus en plus appelé à la dispersion apostolique. Marie de Lorraine souhaiterait avoir quelques Filles Barré sur ses terres de Guise pour la formation des filles et des femmes de ses domaines. Après Rouen et ses environs, Reims, Paris, et bientôt Guise sans doute, le jeune arbre voit ses rameaux se multiplier.

A Rouen, à la maison principale Rue Abbé-de-l'Epée, s'ajoutent à présent un séminaire pour les jeunes maîtres, et un autre pour les maîtresses; à Paris, il faudra bientôt y songer, peut-être un jour à Guise, ailleurs encore si Dieu le veut. Le temps n'est-il pas venu de mettre par écrit les statuts du groupe, ses priorités, ses orientations apostoliques et pédagogiques et les règlements d'une vie commune que l'expérience a peu à peu fait adopter?

En août 1677 un projet est rédigé. Ce sont les "Statuts et Règlements" des Filles Maîtresses des Ecoles Charitables, dans les villes, bourgs et villages. Le texte s'ouvre sur ces mots : "L'Institut des Maîtresses des Ecoles Charitables a pour son origine le coeur de Dieu même qui a tant aimé le monde qu'Il a donné son Fils unique pour instruire les hommes, et leur enseigner le chemin du salut, afin que quiconque croit en Lui ne périsse point, mais qu'il ait la vie éternelle" (SR I). Ces mots indiquent bien qu'il ne s'agit pas d'abord d'une oeuvre sociale, mais d'une vie puisée au coeur de Dieu, qui engendre un agir d'apôtre à la suite de Jésus. Cette vie porte en germe une transformation radicale de la société. Aussi les soeurs seront-elles toujours disposées à aller "faire l'instruction", c'est-à-dire former les croyants, dans tous les lieux où on les enverra, à l'exemple de Jésus, sorti du ciel pour venir en terre, et dont la mission a été surtout pour les simples et les pauvres " (SR I,17).

Ces règlements ne craignent pas d'entrer dans les détails. Dix années d'expérience ont montré l'utilité de préciser non seulement l'organisation de la vie commune, mais aussi l'esprit qui doit inspirer les relations de ces filles entre elles et avec ceux auxquels elles sont envoyées. Bien des faiblesses se glissent dans la pratique quotidienne : acceptation d'argent ou cadeaux au risque d'entamer l'esprit de total désintéressement, bavardages et critiques qui provoquent la division, excès de dévotions ou de pénitences personnelles qui font négliger le "service public" auquel elles se sont consacrées... Tout cela Nicolas le sait. Et tout comme en 1669, il souhaite que les Filles sachent clairement à quoi elles s'engagent. Si le désir d'avancer dans cette voie n'est pas manifesté par une conversion continuelle, il est préférable, pense-t-il, de donner leur congé à celles qui s'obstinent dans des attitudes contraires à l'esprit de leur vocation. Celles qui vont instruire chez eux les enfants des familles aisées au lieu de rester au service public des pauvres, celles qui se laissent entraîner par le "vice de propriété", celles qui s'opposent aux autres "avec opiniâtreté", il est préférable qu'elles quittent l'Institut.

Ces règlements sont bien accueillis par les soeurs, les administrateurs, les dames associées. Tout ce réseau de relations complexes qui s'est créé autour des petites écoles ne fonctionne pas sans difficultés; beaucoup espèrent pouvoir, à l'aide de ces directives, résoudre quelques problèmes. Mais Nicolas leur rappelle avec force que tout règlement est inutile dans une vie qui n'est pas inspirée par l'amour. "C'est l'amour qui doit être l'âme de votre obéissance, de votre désintéressement, de votre patience, de votre modestie, de votre constance et de votre persévérance dans cet emploi. Tâchez de tout faire par amour" (SR I,4).

En mai 1677, puis de nouveau en novembre jusqu'en avril 1678, Nicolas Roland est à Paris. Il veut, en effet, obtenir la reconnaissance légale de son Institut, par une lettre patente. Cela en facilitera l'administration et lui permettra d'obtenir, par quelques "fondations" les aides financières, dont il a besoin. A Rouen, les administrateurs sont également désireux de tenter la démarche. Ce n'est pas l'avis de Nicolas Barré. C'est là rechercher des sécurités qui risquent de détériorer l'esprit d'Abandon. A Reims, comme à Rouen, l'estime et l'admiration qu'inspire le Minime, ne vont pas jusqu'à faire accepter une position estimée excessive. Le langage des fous de Dieu n'est guère facile à entendre!

Le chanoine Roland, tout comme le Père Barré, a bien l'intention de garder pour le groupe un statut qui lui permette une grande liberté de mouvement, pour le service qu'il assure. Toutefois, il pense plutôt à une communauté religieuse à voeux simples, ce qui est une forme nouvelle de vie, pour des femmes refusant d'être cloîtrées. Françoise Duval ne partage pas cette perspective. Quand les Filles de Paris ou de Rouen interrogent le Père Barré sur ce point, il leur répond par un refus très net de quelque forme de voeux que ce soit (AS 4), pour le présent et pour l'avenir. Cela ne dispense pas, au contraire, d'une authentique vie de pauvreté où l'on a à peine le nécessaire (MML), d'obéissance dans la totale disponibilité apostolique (MI), de chasteté dans l'amour partagé avec tous (SR VI, 7 et 8). Mais, dit-il, on a bien vu, depuis le début du siècle, comment des oeuvres apostoliques féminines ont été déviées de leur élan originel lorsque, par pression extérieure ou intérieure, les femmes qui s'y étaient engagées ont été amenées à prononcer des voeux solennels. Elles se sont retrouvées enfermées dans des monastères, limitant leurs services à ceux et celles qui pouvaient venir jusqu'à elles, et se préoccupant davantage de leur propre progrès spirituel que du service de la croissance d'autrui. Ainsi, ce qui, au départ, avait été "voulu pour le bien public dégénère peu à peu en bien particulier" (AS 4). Mais alors, pourquoi pas des voeux simples, ou même privés? Ce n'est pas seulement la crainte de voir les Filles Maîtresses finir dans un cloître qui amène Nicolas Barré à refuser les voeux. Il sait bien que d'autres groupes de Filles séculières les ont prononcés sans que soit modifiée pour autant leur action apostolique. Mais, pour émettre des voeux simples, il faut que la communauté ait une existence officielle, reconnue par Rome ou par un évêque, ainsi que par le Roi. Ces approbations ne sont données que si le groupe dispose de sécurités financières suffisantes (fondations, fonds immobiliers) afin de n'être pas à charge de l'Etat ou des communes. Et cette sécurité-là, Nicolas Barré la refuse.

Bien plus, derrière cette opposition, il y a une mystique. C'est librement et par amour que ces femmes, le jour de leur association à l'Institut, se sont mises au service de l'annonce de l'Evangile. C'est librement et par amour qu'elles y restent, et c'est librement qu'elles peuvent le quitter. C'est l'amour qui leur tient lieu de voeu. Tout autre lien qui donnerait à leur engagement un caractère plus juridique est encore une sécurité, et cette sécurité peut faire ombrage à l'Abandon total : il est à vivre jusque dans sa propre appartenance à l'Institut. Cela peut donner le vertige, c'est une ouverture sur l'infini de l'Amour.

# CHAPITRE 10

## 1677 - 1684 Nouveaux développements

En 1677 ou 1678 Nicolas Barré, en accord avec les administrateurs de Rouen, accepte de répondre au désir de la Duchesse de Guise en envoyant quelques Filles sur ses terres. C'est Marie Hayer qui est choisie pour assurer la responsabilité du petit groupe. Elle est toute jeune encore, cette fille du docteur de Bernay. Elle a rejoint le groupe de Rouen en 1676 et a fait preuve d'une grande Foi et de beaucoup de savoir faire. A ceux et celles qui objectent qu'elle manque d'expérience pour assumer une telle responsabilité, Barré répond que "pour former une Fille de manière profitable, il faut la mettre supérieure, même si elle est imparfaite, à condition qu'elle en ait les aptitudes, et surtout qu'elle ait vraiment l'esprit de l'Institut. Cela lui fait faire d'admirables progrès. C'est pourquoi il faudra faire passer par cette responsabilité le plus grand nombre, en changeant tous les ans" (MIS).

Les besoins sont nombreux à Guise. Nicolas les connaît. Il y a là un couvent des Minimes qu'il a visité lorsqu'il était définiteur provincial. Les jeunes femmes qu'il y envoie y assurent l'instruction chrétienne, enseignent la lecture, et l'écriture aux enfants, conseillent les mères, donnent quelques soins aux malades. D'autres femmes se présentent pour les aider, on en parle au marché, leur réputation se répand dans les environs et, en dix-huit mois, des soeurs Barrettes, comme on les nomme parfois, sont dans quatre autres communes des environs : Hirson, Aubenton, Boué, le Nouvion.

A Paris, les lieux d'action des Maîtresses Charitables se multiplient également : on les trouve dans la paroisse Saint Eustache, à Saint Roch, Saint Louis-en-l'Ile, Saint Laurent, Saint Gervais. En Normandie, la même expansion se produit : Bayeux et Bernay ont maintenant leurs Ecoles Charitables. A Rouen même, les administrateurs ont acheté une maison, Rue de l'Epée, en raison du nombre croissant des Maîtresses. Adrien Nyel déploie tout son zèle et son savoir faire pédagogique pour les écoles de garçons. Madame Maillefer, à la mort de son époux, survenue en 1678, peut joindre librement à son total dévouement aux écoles populaires, une vie de pauvreté extrême. Certains la regardent comme folle et la montrent du doigt, tandis que d'autres l'appellent "la mère des pauvres".

A Reims, Nicolas Roland rentre de son séjour parisien, en avril 1678. Il est fatigué après de nombreuses démarches épuisantes et vaines, visant à l'obtention des lettres patentes. Pourtant il précipite son retour car il a appris que l'une des soeurs est malade. Quand il arrive, il trouve la communauté sérieusement atteinte par la fièvre pourpre. C'est en assistant les soeurs, de jour et de nuit, qu'il contracte lui-même la maladie. Il doit s'aliter et ne se relèvera plus. Il appelle Françoise Duval, la prie de demander pardon de sa part à chaque soeur personnellement, surtout pour ne pas les avoir assez aidées dans leur chemin vers la sainteté. Il a trente-cinq ans et demi. Il a rédigé son testament et désigne l'un de ses dirigés comme exécuteur testamentaire. C'est le jeune prêtre ordonné il y a quelques semaines, Jean-Baptiste de la Salle, âgé alors de vingt-sept ans.

L'expansion des Ecoles Charitables n'est pas sans susciter à nouveau des questions et critiques de la part des confrères de Nicolas Barré. Rue de la Mortellerie, sur la paroisse Saint Gervais, il réunit des jeunes Maîtres et assure leur formation au cours de rencontres hebdomadaires. Il a ouvert Rue Saint Maur un "séminaire" pour les Maîtresses; il s'y rend régulièrement pour entretenir l'élan apostolique des jeunes femmes. Cela, ajouté à son travail de professeur de théologie auprès de ses confrères, aux prédications, aux longues heures passées au confessionnal, c'est trop, disent certains. C'est aussi imprudent, pensent ses contradicteurs. Parmi eux, il y a le Père Giry devenu son provincial. Celui qui sera un jour son successeur à la tête des Ecoles Charitables et leur ardent défenseur, ne partage pas, pour le moment, les vues de son aîné. Il ne peut pas croire que "de simples filles soient capables, comme les apôtres, d'aller parcourir les provinces, d'être continuellement dans les voyages et dans les campagnes pour y exercer un zèle qui ne paraît pas convenir à leur féminité et à leur délicatesse naturelle".

Et pourtant, une trentaine en 1669, ces Filles apostoliques sont maintenant environ deux cents, dix ans plus tard! Aux Ecoles Charitables, aux catéchismes d'adultes, aux formations à la prière, viennent s'ajouter les écoles du travail. Ce sont des ateliers où les Maîtres et Maîtresses enseignent aux jeunes les métiers manuels qui leur permettront de gagner leur vie. Surtout, leur demande Nicolas, ne les faites pas travailler pour vous-mêmes. Tout le profit du travail des ateliers doit aller aux apprentis afin qu'ils puissent aider leur famille : "Toute ombre d'intérêt doit être exterminée de la maison du Saint Enfant Jésus, et de la première dame de sa cour, la charité" (RT 12 et 13).

Lorsque le "séminaire" pour les Maîtresses est ouvert Rue Saint-Maur, c'est encore à Marie Hayer que

Nicolas Barré fait appel pour en prendre la responsabilité. Il refuse qu'on achète le bâtiment, mais décide de louer une maison à quatre étages, nouvellement bâtie sur un terrain appartenant au marchand Pierre Legeai. Comme tout ce qui fait leur vie, la demeure des Soeurs doit être placée sous le signe de l'Abandon à la Providence. Marie Hayer n'a aucun mal à entrer dans ces vues. Le nombre des Filles de la Rue Saint Maur atteint rapidement la trentaine. Elles partent chaque matin, à deux ou trois, dans les divers quartiers de Paris. Lourde responsabilité pour la jeune Marie. Quand, durant les vacances, elle a l'occasion d'aller à Bernay dans sa famille, et d'y fréquenter parfois le monastère tout proche, une question la traverse : ne fait-elle pas fausse route? Ne devrait-elle pas se consacrer davantage à oeuvrer à sa propre sanctification comme le font ces moniales?

Le Père Barré est consulté. Sagement il lui demande d'attendre pour prendre une décision. Il y a fort à craindre que ce soit une tentation et une illusion, car il connaît Marie. Il sait combien sa vie laborieuse, en plein monde, est utile à l'Eglise; il a vu les fruits de la formation qu'elle a dispensée. Certes, dit-il, la vie du cloître est bonne : il a une grande estime pour les moniales, il compte parmi elles de nombreuses dirigées. Mais ce n'est pas à cette vie tranquille et plus oisive qu'est appelée la jeune femme (MIS 1). Le chemin de la sainteté pour elle est celui d'une vie transfigurée par la communion au Christ dans sa mission.

Marie accepte volontiers de différer sa décision. Elle sait que jamais le Père Barré ne cherchera à détourner quelqu'un de la voie qui lui est propre, quelque intérêt qu'il puisse y trouver. Après quelques mois à Paris, elle ne songera plus à la vie monastique.

L'année 1679 est marquée par plusieurs événements : rouennais, rémois et parisiens.

A Rouen, les administrateurs poursuivent leur projet d'une reconnaissance légale en vue de pouvoir fonder financièrement l'oeuvre des Ecoles Charitables. Est-ce le point de vue des soeurs? Certainement pas de toutes! Nicolas Barré est vivement contrarié lorsqu'on mentionne cette évolution qui semble se manifester en Normandie. "Il vaut mieux", dit-il souvent, "que les écoles ne subsistent que dix ou quinze ans sans fondation, en gardant leur ferveur, plutôt que de durer plus longtemps, dans un esprit relâché, comme on le voit pour tant d'Instituts établis. Non, je refuse absolument toute fondation. Si vous fondez, vous fondrez. Si vraiment vous aimez cet Institut, opposez-vous à toute fondation, si on voulait en faire lorsque je ne serai plus là. Et même si de mon vivant, je venais à pencher de ce côté-là, opposez-vous fortement à moi-même. L'esprit de l'Institut ne se conservera pas autrement. Et si l'on en vient à vouloir fonder, on verra tout changer en peu de temps. Si j'ai accepté finalement l'achat d'une maison à Rouen, c'est parce qu'on y était convaincu que cela était nécessaire pour établir le Royaume de Dieu. Mais à Paris je ne veux pas en entendre parler. C'est la prudence humaine qui pousse à s'installer, mais elle a tort ; il nous faut maintenir l'oeuvre de Dieu dans son entier. C'est l'amour de la pauvreté, le pur désir de servir au salut du prochain, et l'abandon pour soi à la Providence qui rendent forte la vocation des Filles. Au contraire, dès qu'il y aurait des garanties matérielles pour l'avenir, on verrait, comme ailleurs, venir des filles qui n'ont pas de quoi vivre, cherchant à entrer dans cet Institut afin d'avoir de quoi subsister" (RNF). N'est-ce pas, en effet, ce qui se passe alors dans de multiples couvents?

Et il ajoute : "Ayant une maison fondée, et devant rester fidèle aux intentions des donateurs, on n'aurait plus cette heureuse liberté de changer de quartier ou de paroisse. Or, l'expérience nous a déjà montré que c'était nécessaire" (RNF). Très rares sont ceux qui comprennent cette position.

Jusqu'à sa mort elle sera combattue, et, après sa mort, elle continuera à faire l'objet de nombreux débats.

A Rouen, Madame Maillefer, qui a pris en charge l'école de Darnétal, est restée en lien avec Nicolas Roland jusqu'à sa mort. Elle lui avait promis de l'aider financièrement pour établir à Reims des écoles pour les garçons. La mort du zélé chanoine, pense-t-elle, ne doit pas arrêter ce projet. Elle appelle donc Adrien Nyel et lui suggère de partir pour Reims. L'économe général du bureau des écoles de Rouen accepte la proposition. Il part, muni d'un courrier de Madame Maillefer adressé à Françoise Duval, la personne la mieux informée des intentions du défunt. Nicolas Barré est certainement mis au courant de ce projet. Dès l'arrivée d'Adrien Nyel, Françoise l'informe des bons soins de Jean Baptiste de la Salle pour la communauté, tant sur le plan spirituel que matériel. D'ailleurs, il est dans la maison et on le fait appeler.

Lorsque Nyel lui expose son projet d'ouvrir à Reims les petites écoles pour les garçons, Jean Baptiste se montre réservé. Celles des filles ont déjà rencontré tant de critiques et d'opposition dans la ville, qu'il est préférable de garder là-dessus une totale discrétion, si l'on veut qu'un tel projet voie le jour. Sans aucun doute, il faudra procéder différemment qu'à Rouen. Jean Baptiste accepte de mettre Adrien en contact avec quelques curés et quelques personnes de bon conseil, mais lui-même ne se sent pas particulièrement concerné. Cependant, vers Noël, pour faciliter la tâche d'Adrien Nyel, le chanoine de la Salle propose de louer une maison proche de la sienne pour y loger les maîtres, et de faire préparer chez lui leurs repas. Il en a les moyens. Sans le savoir, Jean Baptiste vient de faire un pas sur une route qui va le mener là où jamais il n'aurait pensé aller. Cette route croisera bientôt celle de Nicolas Barré. Et cette rencontre lui donnera son orientation définitive.

A Paris, la vie sociale et politique continue d'être marquée par les procès liés à l'affaire des poisons. En avril 1679, une juridiction spéciale, "la chambre ardente", est créée pour juger les personnes qui y sont mêlées. Deux femmes sont à nouveau accusées de sorcellerie et d'empoisonnement : "La Voisin" et "La Filastre". Un an plus tard, elles seront brûlées vives. Le couvent des Minimes est lui-même inquiété par les perquisitions du lieutenant de police La Reynie. Le Père Martinet, l'apothicaire de la communauté, est soupçonné de complicité avec Messieurs de Vanens et Cadelan, mages fort compromis dans l'affaire des poisons. Ils ont surpris la bonne foi du Minime en lui demandant d'utiliser ses marmites et ses alambics pour fabriquer des cendres à partir de bouillons d'herbes, sur commande de Madame Bosse, collaboratrice de "La Voisin".

Le Père Martinet fut-il envoyé dans un autre couvent? Préféra-t-il se cacher hors de tout monastère Minime? Toujours est-il que le lieutenant La Reynie ne put le faire comparaître, faute de le trouver au couvent. Le soupçon de complicité se transforme souvent, pour la "Chambre ardente", en condamnation sans appel, du fait des faux témoignages suscités par l'esprit de vengeance ou de rivalité. Il valait sans doute mieux éviter un tel scandale et disparaître. A Nicolas Barré, comme à ses confrères, cet épisode pénible vient redire une fois encore, qu'il est bien long le chemin de la communauté vers la pureté de la source où elle a pris naissance. Les recherches mystérieuses du Père Martinet, pour transformer le plomb en or, même si elles n'avaient rien à voir avec cette sombre affaire des poisons, pouvaient-elles se concilier avec la mission confiée par François de Paule à ses fils ?

En 1680, nouvelle demande de Marie de Lorraine. A Notre-Dame de Liesse, qui se trouve également sur ses terres, elle a entrepris de faire restaurer un petit hôpital-hospice qui tombait en ruine. La basilique de Notre-Dame de Liesse est un sanctuaire célèbre qui attire des foules de pèlerins. Certains d'entre eux, plus démunis, doivent pouvoir être accueillis à moindres frais qu'à l'auberge et soignés s'ils sont malades, ainsi que les pauvres des bourgs de Marchais et de Liesse. Les Filles de Saint Vincent de Paul, sollicitées pour cette oeuvre, n'ont pu répondre à la demande. Le petit hôpital est alors confié à Mademoiselle Hérissé, mais peu de temps après, il faut la renvoyer en raison de certains abus décelés dans son administration. L'évêque et la Duchesse de Guise font alors appel à Nicolas Barré et lui demandent quelques Filles pour se charger de l'hôpital et de la formation chrétienne des filles et des femmes du bourg. De Paris on envoie Marie Constant et Catherine Lejeune.

Les départs des soeurs Barrettes, de Paris ou Rouen, vers la province, ne cessent de se multiplier pour répondre à de nouveaux appels : Rumigny dans les Ardennes, Vermand dans l'Aisne, Anceville en Moselle, Bergues dans le Nord, Dieppe et Caen en Normandie, Pontoise près de Paris. Les demandes affluent au point qu'on ne peut répondre à toutes. Quant aux Maîtres formés par Barré, ils sont envoyés dans le Poitou, en Auvergne, en Lorraine, en Normandie, en Picardie, en Champagne, en Bourgogne, dans le Bourbonnais et le Berry (MI). De Bourges, le supérieur du séminaire écrit à l'un de ses amis, collaborateur du Père Barré : "Je suis parfaitement informé des fruits merveilleux que produit l'Institut des Filles de l'Instruction. Il me semble que c'est l'une des plus grandes grâces de ce siècle. Déjà plusieurs personnes en divers endroits du pays, animées par le même esprit, avaient tenté le même dessein. Partout ce fut avec succès. Mais cet Institut est véritablement comme une source à laquelle les autres doivent se référer ou se conformer" (MI). D'où vient une telle admiration? Ces Filles ne sont pas toujours plus compétentes que d'autres femmes qui font, dans leur village ou leur quartier, le même travail. Tout ne se passe pas toujours bien entre elles, il ne s'agit pas d'un groupe d'élite. Mais de Nicolas Barré elles ont reçu un esprit tout particulier : beaucoup d'ardeur, et un grand désintéressement. Elles se contentent de peu pour elles-mêmes, et ne réclament rien des parents des enfants qu'elles instruisent. Les personnes qui les demandent dans une paroisse s'engagent à leur verser 40 ou 50 écus par an, mais sont libres de les renvoyer quand elles veulent. Les supérieurs peuvent les envoyer en n'importe quel lieu selon les besoins. Elles n'ont aucune maison, aucune demeure assurée, elles vont partout avec le même zèle et la même affection. Et, pour ce qui regarde l'avenir, elles sont dans un Abandon total à la divine Providence. Elles sacrifient leurs intérêts personnels et se donnent totalement à leur mission, avec tranquillité d'esprit et sans se mettre en peine de ce qu'elles doivent devenir un jour (MI).

Et pourtant le contexte économique et social ne porte guère à la tranquillité et à la confiance paisible. Les hostilités et persécutions contre les protestants ont repris de manière tragique; la montée des impôts, les révoltes, les épisodes de guerre multiplient leurs effets néfastes dans les provinces. Les voyages sont risqués car les routes sont peu sûres. Mais la détresse du peuple crie au coeur de Nicolas et de ses disciples, et pour un seul de ces petits qui se perd, dit-il, "il faut se donner comme s'il s'agissait de sauver le monde entier" (MD 37).

Dans cet élan missionnaire, les femmes se montrent en général plus constantes que les hommes. Cela se vérifie à Rouen, à Paris, comme à Reims où Nyel a fort à faire. Il enseigne lui-même, se charge de l'initiation pédagogique élémentaire des maîtres, et ne cesse d'être assiégé par de multiples soucis administratifs. L'animation et le soutien spirituel des jeunes volontaires laisse à désirer, et risque de compromettre l'avenir. Jean Baptiste de la Salle, bien qu'occupé par sa charge canoniale et l'éducation de ses propres frères et soeurs, s'en inquiète. Il propose aux maîtres un règlement, mais il est plus ou moins suivi : chacun agit selon ses propres inspirations, et son niveau de compétence est souvent médiocre. Tout cela laisse le jeune prêtre bien perplexe. Au moment de renouveler le bail de la maison toute proche, occupée par les maîtres, il se demande s'il ne ferait pas mieux de loger chez lui ces jeunes hommes. Mais il sait que l'hébergement de ces maîtres un peu frustres, qu'il considère comme inférieurs à ses propres serviteurs, risque de créer des problèmes dans la famille. De plus, n'est-ce pas se substituer à Nyel?

Devant aller à Paris pour quelques affaires, Jean-Baptiste se décide à aller consulter le Père Barré au couvent des Minimes. Il lui présente la situation actuelle, le bon travail entrepris par les soeurs, au milieu de luttes incessantes, les difficultés rencontrées avec les maîtres. Nicolas n'a aucune peine à comprendre la réalité : elle est identique à ce qui se passe à Rouen et à Paris. Si les maîtres restent abandonnés à eux-mêmes, rien de durable ne pourra se faire. Le Minime n'hésite pas, il conseille à Monsieur de La Salle de faire demeurer les maîtres chez lui. Mais c'est un pas énorme. Si Jean Baptiste avait prévu un tant soit peu où le conduiraient les propositions de Nyel, il aurait immédiatement abandonné la partie. Pendant trois mois il reste hésitant. Au cours du carême, il fait une première tentative en les invitant à sa table, comptant sur la période liturgique pour rendre sa famille plus tolérante. Mais les maîtres sont jugés "grossiers", et les honnêtes gens en sont choqués. Un peu plus tard, Nyel devant s'absenter pour aller à Guise où quelques maîtres ont été envoyés, Jean-Baptiste se décide enfin, et le 24 juin 1681, il les loge définitivement chez lui. Ce que Barré n'avait pu faire, étant donné son engagement religieux, La Salle le réalise : former, avec les maîtres, une première ébauche de communauté. Aux critiques de sa famille, qui lui reproche de s'occuper des maîtres au préjudice de ses frères et soeurs, dont il est le tuteur, il répond par le silence. Un an plus tard il part vivre avec les maîtres dans une maison louée.

Nicolas Barré est informé de ces démarches successives. Aussi ne sera-t-il pas surpris lorsqu'en 1683 Jean-Baptiste vient à nouveau chercher auprès de lui lumière et confirmation, au moment de franchir une nouvelle étape décisive de son existence. Que se passe-t-il à Reims? Malgré tous les efforts et l'infatigable dévouement de Jean Baptiste, la persévérance des maîtres est bien faible. Certains trouvent le règlement de vie trop contraignant, d'autres, après quelque temps, refusent de travailler sans salaire : ils n'ont que le gîte et le couvert. Tous sentent que leur avenir n'est pas assuré en cas de maladie ou d'échec. Actuellement la fortune du chanoine leur assure de quoi vivre... mais ensuite? Jean Baptiste a prié longuement pour trouver une issue à cette situation difficile. Faut-il, comme Roland, placer des capitaux qui, par leurs intérêts, "fonderont" financièrement la jeune communauté et ses écoles? Il sait que l'optique du Père Barré est différente. Mais Reims n'est ni Rouen ni Paris! La réponse du Minime est sans équivoque. La pensée d'une "fondation" pour assurer la vie matérielle de la communauté ne peut venir de Dieu. Son seul fondement doit être la Providence. "Ecoutez", lui dit le Père Barré, "ce que Jésus Lui-même nous enseigne : les renards ont des tanières et les oiseaux du ciel ont des nids et des abris, mais le Fils de l'homme n'a pas où reposer la tête. Eh bien, aujourd'hui qui sont les renards? Ce sont les gens du monde qui s'attachent aux biens de la terre. Et les oiseaux? Ce sont les religieux qui ont leur cellule pour asile. Mais ceux qui, comme vous, se destinent à instruire et catéchiser les pauvres, ne doivent avoir d'autre partage sur la terre que celui du Fils de l'homme. Aussi, non seulement vous devez vous dépouiller de tous vos biens, mais encore renoncer aux bénéfices de votre charge de chanoine, et abandonner tout ce qui pourrait détourner votre attention de ce qui procure la gloire de Dieu".

Rien désormais n'arrête Jean-Baptiste dans sa réponse à "la conduite de Dieu à son égard". De retour à Reims, il renonce au canonicat et à ses revenus. Il doit vaincre pour cela les réticences de son confesseur. Il fait ce renoncement en faveur d'un humble prêtre étranger à la famille. Il distribue tous ses biens aux pauvres, sans même donner une part de son patrimoine à l'oeuvre des écoles, et devient ainsi pauvre, avec ses pauvres maîtres, au service des pauvres. Il a trouvé auprès de Nicolas Barré le courage de quitter tous les avantages de son milieu, de suivre l'inspiration secrète qui hantait sa prière "Va, vends tout, donne aux pauvres et suis-moi".

Nicolas Barré et Jean-Baptiste resteront en relation. Le Minime aurait aimé voir Jean-Baptiste quitter Reims pour Paris car il constate combien l'oeuvre des écoles des Maîtresses de l'Instruction Charitable s'est développée depuis qu'elle a un centre dans la capitale. Mais le directeur spirituel de Jean-Baptiste le lui déconseille. Ses maîtres ont trop besoin de lui. Nicolas Barré en est très peiné mais s'incline. Il garde avec Jean-Baptiste des relations épistolaires. Il a lui-même rencontré tant d'obstacles, d'oppositions, de critiques, dans son oeuvre, qu'il peut, en toute lucidité, encourager le fondateur des Frères des Ecoles Chrétiennes. "Soyez généreux dans votre entreprise", lui écrit-il," que votre conscience ne se trouble pas, demeurez en repos, ne craignez pas les paroles des hommes : ils ne savent ni ce qu'ils disent ni ce qu'ils font. N'en faites pas plus de cas que du vent. Dieu seul est l'appui et le témoin de votre noble dessein... Prenez courage au milieu du découragement " (L 42). Nicolas Barré est maintenant convaincu que l'éducation populaire des garçons a trouvé le véritable guide qu'il n'a pu être lui-même pour les Maîtres des Ecoles chrétiennes et Charitables de l'Enfant Jésus.

Ses multiples responsabilités ont miné sa santé. En 1682 on le décharge de l'enseignement de la théologie, il se consacre totalement à la direction spirituelle et à l'animation de l'Institut. Les soeurs Barrettes sont envoyées de plus en plus loin : à Dijon, en Vendée, et même au Canada, qu'on appelle alors "la Nouvelle France". Les communications ne sont guère faciles : on perd la trace de celles qui se sont embarquées. En France, les troubles du Royaume rendent les courriers parfois capricieux. Nicolas ne s'alarme ni des départs de soeurs qui se perdent dans l'inconnu, ni des lettres qui s'égarent : Marie Anne Le Teinturier à Dijon est restée pendant des mois sans réponse à ses questions. "Je m'étonne que vous n'ayez reçu aucune des lettres que je vous avais adressées", lui écrit-il, "mais je bénis la Providence plus que paternelle de Dieu qui vous a permis par ce moyen de vous confier davantage en Lui".

A Bernay et dans ses environs, le départ de Marie Hayer vers Rouen, il y a maintenant cinq ans, a été suivi par d'autres et, en particulier, celui de sa cousine de quinze ans, Jeanne Françoise Jouen, en 1678. Deux ans après, celle-ci revient à Saint Martin-des-Chenées pour y transformer la maison familiale en école populaire, avec l'aide de ses propres soeurs. En 1683, le vicaire épiscopal, Monsieur le chanoine Lange, les invite à prendre en charge la préparation de la première communion des adolescentes d'un quartier pauvre de Lisieux. Une école populaire va voir le jour à la suite de cette initiative. Du renfort est demandé à Rouen et à Paris. Jeanne Françoise n'a que vingt ans, c'est elle qui est l'inspiratrice du petit groupe. Et c'est l'une des pionnières des débuts de l'oeuvre de Nicolas Barré à Sotteville, Françoise Duval, qui va venir seconder la jeune fille.

Françoise, la femme au grand courage,qui a tant donné, souffert, lutté pour établir les petites écoles à Reims, a, en effet, choisi de laisser l'oeuvre à laquelle elle a contribué à donner naissance. La reconnaissance officielle par lettres patentes, le choix d'un statut religieux pour la communauté rémoise ne lui permettent pas d'y demeurer. Elle veut rester fidèle à l'intuition première de Nicolas Barré. Anne Le Coeur, au contraire, accepte de rester dans la communauté naissante. Quant à Françoise, elle quitte Reims pour une nouvelle aventure. Celle qui commence à Lisieux a besoin de son appui. Elle y est envoyée avec la Soeur Dieuzy. Elle y apporte son expérience, et une vie spirituelle fortifiée par les épreuves qui l'ont fermement enracinée dans une confiance inébranlable. Fidèle à l'esprit des origines, elle n'apprécie guère les décisions prises par les administrateurs de Rouen : ils n'ont pu accepter l'insécurité d'une oeuvre devenue maintenant trop importante à leurs yeux, pour ne pas bénéficier des fondations généreuses qui sont offertes. Elle sait qu'en cela, elle a l'appui total de Nicolas Barré. A Paris, elle a pu le rencontrer lors de son voyage de Reims à Rouen. Peut-être a-t-elle assisté à l'une ou l'autre de ses conférences. Et tout ce qu'elle a entendu lui a redit que ce qui est sagesse aux yeux de Dieu semble bien souvent folie aux yeux des hommes et des femmes que l'on croit pourtant compter parmi les plus sages.

# CHAPITRE 11

## Allez - Annoncez [1]

Les forces de Nicolas Barré déclinent, mais il ne se ménage pas pour autant. Il ne dort que quelques heures par nuit, parfois même sans s'étendre sur son lit : assis devant sa table pour répondre aux multiples lettres qu'il reçoit ou pour préparer quelque conférence, il s'endort sur sa chaise jusqu'à l'heure des Matines.

En cette année 1684, il est atteint par un nouvel assaut de la maladie qui le laisse plusieurs jours en état de léthargie. On le croit au seuil de la mort. Il se remet pourtant, et peut reprendre, au ralenti, une partie de ses activités. Son ami, le Père Giry, va désormais le seconder auprès des Maîtres et Maîtresses des Ecoles Charitables.

Pendant des années, à Rouen comme à Paris, ce que Nicolas a voulu former en eux, ce sont les coeurs, les attitudes, qui seules peuvent donner aux méthodes la sève qui leur fera porter du fruit. Ce qu'il a voulu communiquer, c'est un feu qui fasse brûler ces coeurs de la passion du

---

1. Les paroles de Nicolas Barré, dans ce chapitre sont essentiellement tirées des "Maximes Particulières de conduite pour les Soeurs de l'Institut" (MP), et des "Mémoires et Instructions pour la Sanctification des Soeurs" (MIS). Aussi seules les autres sources sont-elles signalées.

Royaume de Dieu. Ce qu'il leur a révélé, c'est le paradoxe d'une vie d'apôtre, où pour annoncer la lumière de la grâce il faut affronter la nuit, où pour partager la Bonne Nouvelle il faut savoir descendre aux enfers du désespoir de l'humanité, où pour gagner il faut tout perdre. Avant de poursuivre notre récit, arrêtons-nous un instant à ces années de formation. Ecoutons le Père Barré s'adresser aux jeunes filles qui se sont lancées dans l'aventure [1].

A plusieurs reprises, elles se sont interrogées sur la valeur de leur vocation, si critiquée, parfois ridiculisée, souvent dévalorisée en comparaison à la haute estime portée à la vie monastique. Or l'unique chose que le Minime souhaite laisser en héritage à ce groupe de femmes "apôtresses" (L 62), c'est que seule compte pour elles l'annonce de la Bonne Nouvelle aux pauvres, que cela doit exclure toute préoccupation pour elles-mêmes, y compris pour leur propre salut, car, en un certain sens, chercher à sauver son âme, c'est déjà la perdre.

Une première question souvent posée lors d'entretiens personnels concerne la prière. Aussi leur dit-il un jour : "Vous êtes plusieurs à constater que, pendant le temps de l'oraison, vous êtes souvent bien à sec, alors que Dieu vient vous visiter, vous faire sentir sa présence quand vous êtes au milieu des gens, à enseigner les enfants, à échanger avec leurs mères. Et certaines d'entre vous y voient un signe qu'Il vous appelle davantage à goûter sa présence qu'à vous dépenser à son service. Or, c'est tout le contraire. C'est le signe que c'est là que Dieu vous veut tout spécialement, puisque c'est là qu'Il vous rend visite! S'Il vous manifestait sa présence avec trop de consolations durant la prière, vous quitteriez la mission qu'Il vous confie pour courir après les

1. Idem.

douceurs du recueillement. Lorsqu'Il vous visite pendant le temps de vos classes, remerciez-Le, et dites-Lui qu'Il remette, s'Il le veut, sa visite au temps de l'oraison, car vous avez, pour le moment, à travailler à ses affaires! Ne vous distrayez pas de l'annonce de l'Evangile. Cela vous fera éviter bien des illusions. Je comprends votre désir de goûter la paix du monastère : c'est présentement une vie souvent plus commode, et toujours plus honorable. Cependant, accepterez-vous de souffrir les douleurs de l'enfantement pour donner à Dieu une multitude de fils et de filles? Ou préférerez-vous être comme Rachel, plus belles mais stériles? Serez-vous comme ces soldats lâches qui s'arrangent pour rester toujours en garnison, dans une vie facile, au lieu de se battre pour les intérêts de leur roi?"

Mais, beaucoup se sentent de bien pauvres soldats! Comment faire aimer Dieu alors qu'on L'aime si peu soi-même? A qui d'entre elles cette pensée n'est-elle pas venue un jour?

"Ne vous laissez pas abuser par de telles pensées, leur dit Barré. C'est une grande erreur! Dieu est saint, et Lui seul fait les saints. Nous, c'est en coopérant à son oeuvre de faire des saints, que nous devenons saints. Et il est plus facile de faire des saints que d'être saint! Tendez uniquement à former les copies de Jésus Christ, travaillez à les rendre semblables à l'original, puisque Dieu nous a créés à son image. Et Lui se chargera, sans même que vous le sachiez, de vous transformer en Lui. De plus Jésus nous a dit : "Il n'y a pas de plus grand amour que de donner sa vie pour ses amis". Regardez-Le, c'est Lui votre modèle, mettez-vous à sa suite, Lui qui n'a pas même une pierre où reposer la tête.

Considérez-vous comme les servantes des enfants de Jésus votre maître. Les servantes n'ont guère le temps et les moyens de s'occuper de leurs atours. Tous leurs soins vont à laver, habiller, parer les enfants qu'on leur a confiés, et leur maître en est heureux. Eh bien, si Jésus voit que, par amour pour Lui, nous nous attachons à servir le prochain, à faire grandir en lui la vie véritable, alors Lui-même est engagé à prendre soin de nous.

Pour faire croître cette vie, il n'y a qu'un chemin, celui de la douceur, de l'humilité, de la modestie, inspirées par beaucoup d'amour. Pour réussir, trois choses vous sont nécessaires : le discernement qui vous permettra de faire grandir chacun selon son génie propre; un immense amour, comme celui d'une mère qui supporte tout et s'oublie totalement pour ses enfants; et enfin cette douce supplication intérieure qui sans cesse demande à Dieu sa grâce et son Esprit pour soi-même et pour ceux que l'on veut conduire à Lui. Je voudrais que vous soyez toutes saintes, savantes dans les vérités chrétiennes, exemplaires et même, s'il le faut, persécutées! Oui, saintes, ou au moins désireuses de le devenir, capables de débrouiller les consciences, ardentes pour chercher ceux qui s'égarent, exemplaires, sinon vos paroles n'auront aucun effet, persécutées comme Jésus-Christ, qui fut Lui-même maltraité et maudit."

Certes, les critiques ne manquent pas vis-à-vis des jeunes femmes. Qu'elles soient maltraitées par les ennemis de la religion ou du peuple, cela n'a rien d'étonnant. Mais parfois, les obstacles viennent de Messieurs les curés! Certains prennent ombrage lorsqu'elles font merveille, s'irritent de leurs initiatives, soupçonnent leur compétence. Il sait bien les difficultés énormes auxquelles doivent s'affronter certaines d'entre elles. Mais il perçoit deux dangers qui les guettent, dans ces tensions : celui de la suffisance, et celui de la division. Il le leur dit tout de go :

" Vos succès font naître en vous, bien des complaisances d'amour propre. Si tout va bien dans vos entreprises, il n'en est pas de même dans votre propre coeur! Tournez-vous vers Jésus afin que son amour transforme ce coeur encore trop centré vers vous-même. Et demandez-Lui de vous aider à agir sagement avec Messieurs les curés afin d'éviter toute division. N'entreprenez rien sans leur accord, et autant que possible accommodez-vous à leur humeur et à leur caractère, afin de pouvoir les engager à se mettre davantage eux-mêmes au service de l'oeuvre de Dieu.

Il faut savoir, et les ménager, et prendre garde à vous-mêmes; car vous savez bien que, sous les meilleurs prétextes, on est vite sur la pente qui mène au précipice! Mais il faut savoir les prendre sans être prises! Et sans être à eux, les avoir à vous pour les gagner à l'intérêt de la gloire de Dieu! Il vous faudra toujours ici une grande force d'esprit et de grâce, si vous voulez garder une fidélité vigoureuse."

Le don de la patience leur est bien nécessaire lorsque leur zèle a maille à partir avec le contrôle un peu trop autoritaire de l'un de ces Messieurs! Barré ne veut pas casser leur élan ni freiner les plus jeunes ...Il leur faudra pourtant apprendre, dans les épreuves, la patience des forts.

" Vous aurez besoin de deux sortes de patience! D'abord à l'égard de vous-mêmes, en voyant que vous ne progressez pas beaucoup. Continuez cependant tous vos efforts, même sans voir vos progrès et soyez contentes de voir avancer les autres et de les y aider! Ensuite la patience à l'égard des autres, qui fait qu'on ne se lasse jamais, qu'on ne se décourage jamais, quelles que soient la dureté, la résistance, l'obstination.

Il me semble que trois choses vous conduisent à vous impatienter : un sentiment de déception, qui se chagrine de ne pas réussir; ensuite le raisonnement que vous vous faites pour conclure que telle personne ne vaut pas la peine qu'on se donne tant de mal pour elle; et enfin vous allez chercher des raisons spirituelles, en vous disant que Dieu ne veut pas que vous perdiez ainsi votre temps, qu'il vaut mieux aller vers d'autres qui répondront davantage! Et voilà que monte en vous l'indignation face à si peu d'effets de votre grand dévouement, et votre zèle impatient veut quitter l'entreprise et se porter ailleurs!

Lorsque cela vous arrivera, sachez attendre, et renoncer à ces mouvements qui vous agitent. Bien souvent vous attirerez ainsi des effets inattendus, et finirez par vaincre la dureté de cette personne, ou par en gagner d'autres.

Je vous l'ai souvent dit : Beaucoup de personnes veulent servir Dieu, mais la plupart ne veulent pas que Dieu se serve d'elles. Soyez comme la plume dans la main de l'écrivain, et remarquez, en passant que, la plume, pour bien écrire, est souvent coupée, tranchée, taillée!

Et si vous vous tenez ainsi dans la main de Dieu, ou plutôt, si vous vous laissez saisir par Lui pour faire son oeuvre, la vie active, et la vie contemplative, vous les joindrez ensemble."

Parmi les auditrices, Marie Hayer écoute toujours avec beaucoup de joie toutes ces paroles qui évoquent tellement pour elle, le chemin parcouru depuis qu'elle a quitté Bernay pour Rouen, puis Paris, Guise et à nouveau Paris. Elle pense aux mots que, par elle, la main de Dieu a déjà voulu inscrire dans des coeurs de chair. Elle pense aussi à l'avenir du groupe. Parfois, entre soeurs, elles en parlent. Elles ont accepté de n'avoir aucune assurance pour leurs vieux jours - si elle les atteignent, car au XVIIe siècle la mort frappe souvent dans la force de l'âge. Dans leur règlement, Nicolas Barré a insisté sur l'attention, l'affection, les soins dont il faut entourer celles qui seraient malades. Et c'est bien ainsi qu'elles agissent. Mais elles savent aussi qu'au fond du coeur, il leur faut rester prêtes à mourir au coin d'une haie ou à l'hôpital, si l'aventure missionnaire le demande, et ne rien attendre en récompense des services rendus. Marie l'a promis au jour de son association. Mais que deviendront ces femmes le jour où leurs forces ne leur permettront plus de quitter chaque matin la Rue Saint-Maur pour les quartiers populaires de Paris?

"Un jour, vos forces, comme les miennes, seront réduites, leur a dit le Minime. Peut-être ne pourrez-vous plus, comme aujourd'hui, aller par les rues, les maisons, les paroisses. Si, alors, vous voulez achever l'oeuvre de votre sanctification, souvenez-vous de ceci : sachez reconnaître simplement que vous êtes une charge pour les autres, et comme l'a écrit Landsperg, que vous êtes comme des pauvres, qu'on accueille par charité. Ne critiquez pas les plus jeunes, en disant qu'on faisait mieux de votre temps. Donnez du temps à la contemplation, et priez pour celles qui sont dans l'action. Si malgré vos forces limitées on venait à vous confier une mission, acceptez-la. Si vous croyez que cela n'est guère possible, faites savoir les inconvénients que vous y voyez, et leurs conséquences, mais si la supérieure insiste, croyez que l'obéissance peut rendre possible ce qui ne le semblait pas. Voyez les mères des familles paysannes et ouvrières : elles ne mangent qu'après la famille, et les restes des autres. Parfois même, elles ne se mettent point à table pour manger, elles se tiennent debout appuyées contre la muraille, ou sont assises sur un morceau de bois ! Regardez-les, qu'elles soient pour vous un modèle et n'oubliez jamais que vous n'êtes entrées dans l'Institut que pour servir Dieu et votre cher prochain."

A plusieurs reprises, le Minime s'est entretenu avec Marie Hayer. Le nombre des filles qui se présentent à Paris et en province pour joindre les Soeurs Barrettes ne cesse de croître. Marie sent profondément sa responsabilité. Elle désire, dit-elle, se faire leur servante afin de leur apprendre à aimer les petits et les pauvres. Le Père Barré lui redit ce que déjà il a écrit à Anne Le Teinturier, comme à d'autres qui partagent la même responsabilité :

"Aimez par-dessus tout ces deux grandes dames assistantes de Jésus, le grand maître des écoles divines, à savoir la douceur et l'humilité de coeur : "Mettez-vous à mon école, car je suis doux et humble de coeur", dit Jésus. C'est pourquoi nous nous mettons en peine de n'accepter dans notre Institut ni Maîtres, ni Maîtresses qui ne s'efforcent pas d'être effectivement très doux, très humbles de coeur. Car ainsi, ce ne sont pas eux qui enseignent, mais par eux Jésus qui enseigne, touche, convertit. C'est alors pour nous un grand bonheur, mais tout l'honneur Lui revient!" (L 60).

Quand des jeunes filles se présentent Marie cherche à les connaître afin de voir si elles ont les dispositions propres à l'Institut. Le Père Barré se montre, là dessus, très exigeant.

"Ne les accueillez que si vous sentez en elles un vrai désir de Dieu et de tout donner pour l'annonce de l'Evangile, un grand désintéressement, et la capacité de faire en tout la volonté de Dieu, en comptant uniquement sur sa Providence. Faites-leur bien comprendre ces paroles de Jésus : "Ne vous préoccupez pas de ce que vous mangerez ou de ce que vous boirez comme le font les païens. Cherchez d'abord le Royaume de Dieu et sa justice, et tout cela vous sera donné par surcroît". Ceux qui cherchent les commodités de la vie n'ont guère les grâces nécessaires pour atteindre eux-mêmes, ou pour procurer aux autres, le règne de Dieu et sa justice" (AS 5).

Certaines familles mettent bien des obstacles à ce que leurs filles se joignent au groupe, leurs pères et mères craignant pour leur avenir! Si elles ont foi en Dieu qui appelle, elles savent vaincre l'obstacle!

"Des milliers de bonnes filles se dévouent dans le monde, s'engagent comme servantes ou dames de compagnie, sans aucune assurance de la durée de leurs services, et sans savoir si elles ont quelque chance d'y réussir. Elles font cela pour des raisons purement humaines. Ne pensez-vous pas qu'on puisse en trouver cent ou deux cents qui veuillent bien en faire autant pour Jésus-Christ, par la grâce de Dieu? Cent ou deux cents qui embrassent pour profession le salut et la sanctification des autres, qui est le but unique de la venue de Jésus sur la terre? Je n'ai aucun doute de l'abondance des bénédictions de Dieu sur cet Institut, tant que ses membres ne manqueront pas de fidélité à leur vocation!" (AS 6).

Quand il parcourt les rues pour aller de la Rue Saint Maur au couvent de la Rue des Minimes, au milieu de la foule qui s'affaire, cette prière monte au coeur de Nicolas. "C'est sur la vérité, et sur Jésus-Christ seul, sans mélange de l'intérêt humain que cet Institut est et doit être uniquement établi. Seigneur adorable et Sauveur de nos âmes, ne permettez pas qu'il en soit jamais autrement afin qu'il reste toujours votre héritage et votre bien" (AS 8).

Il voudrait tant que la vie de ses Fils et de ses Filles soit l'Evangile pratiqué! Il aime à leur répéter : "Vous avez reçu gratuitement, donnez gratuitement" et cette autre parole de Jésus : "Laissez venir à moi les petits". Car il s'agit moins de donner des connaissances que d'inspirer l'amour, et il ne suffit pas de former, il faut aussi porter dans la prière ceux que l'on veut ouvrir à Dieu. Ah! S'il pouvait conduire chacun à goûter la prière du coeur, à vivre plus conscient de la présence constante et amoureuse de Dieu à son existence!

Sans cesse il lui faut rappeler avec force, sans craindre d'entrer dans les détails, combien l'esprit de propriété est contraire à leur vocation. Il est si facile de chercher son propre intérêt! L'un a fait travailler les apprentis à son profit; on a demandé aux écolières des services durant le temps où elles devraient être aux écoles; d'autres acceptent des présents, se faisant ainsi prisonniers des parents qui les remettent. Ici on a vu une Maîtresse disposer pour elle-même ou en faveur de ses propres relations, de dons reçus. Ailleurs on trouve prétexte de services à rendre, de bonnes oeuvres à faire, pour se dispenser d'être à plein temps au service dans lequel on s'est engagé. On a même vu des Maîtresses s'en absenter, sous prétexte d'aller se confesser, et pourtant les dimanches et les jours de fête devraient bien y suffire!

La vie d'apôtre doit les faire sortir d'une religion limitée au domaine privé. Si elle commence au plus intime d'une relation avec le Christ, la vie apostolique fait quitter le domaine purement intérieur et la recherche d'une vie assurée dans un monde personnel et sûr. Elle pousse à vivre et agir en vue d'une transformation des relations dans la société. "Le vice de propriété" lui y est fondamentalement opposé. Mettre toute sa vie au service public des pauvres, c'est considérer tous ses biens, et tout ce que l'on peut recevoir comme "le patrimoine des pauvres". En disposer selon son gré, ce serait les voler! Ces paroles, souvent entendues, ne sont pas faciles à pratiquer au long des jours, et ceux qui s'y refusent n'ont guère leur place parmi les Fils et les Filles des Ecoles Charitables. Comme il la voudrait forte "la résolution de demeurer dans l'union de coeur, d'esprit et d'emploi" (SR I,5) qui leur tient lieu de voeu, et comme il le voudrait brûlant le pur amour qui seul peut faire de ces filles et garçons d'authentiques apôtres, libres et audacieux.

# CHAPITRE 12

## Venez - Ecoutez

A Paris comme en province, le Père Barré est connu comme "l'un des plus grands maîtres de son siècle dans la vie spirituelle" (Raf). Beaucoup sont frappés par ce don particulier qu'il a reçu pour discerner ce qui est caché au plus profond des coeurs, pour les amener à se laisser toucher par Dieu, et pour aider chacun à aller vers Lui par le chemin qui lui est propre. Son regard pénétrant exprime tout à la fois la compassion, la bienveillance et l'exigence d'un homme qui sait qu'on ne peut aller à Dieu par des demi-mesures. D'ailleurs il n'accepte pas de diriger dans la vie spirituelle ceux ou celles qui viendraient le consulter en amateurs. Il ne peut aider, dit-il, "que des âmes qui ne veulent que Jésus, et qui se mettent totalement à sa disposition, de sorte que, non seulement aucune vue humaine, mais même aucune vue spirituelle intéressée, ne les fasse agir et ne les possède" (L 47).

Exigence - car Dieu demande tout - et miséricorde - car Dieu pardonne tout - : ils sont des centaines à l'expérimenter sous sa conduite, des milliers à le percevoir en écoutant sa prédication. Ainsi cette dame de la noblesse qui avait connu pendant des années une vie mondaine, aux moeurs légères et aux fréquentations douteuses. Elle ne cesse aujourd'hui de raconter son expérience à qui veut l'entendre.

"Je sentais bien que je devais changer de vie, et je fus amenée un jour au Père Barré par une personne amie. Aussitôt il me parla de la sévérité des jugements de Dieu, d'une telle manière que j'en fus bouleversée, et même terrorisée. Il me semblait que je n'étais pas même capable de faire pénitence et de réparer mes torts passés. Me voyant ainsi prise d'angoisse, il me parla de la bonté de Dieu, de son pardon, avec tant de tendresse qu'il fit fondre mon coeur, et m'inspira une confiance sans borne en la divine miséricorde. Cet homme de Dieu est capable de vous donner la mort et de vous rappeler à la vie, il conduit aux enfers et en ramène. Il montre aux pécheurs l'abîme ouvert sous leurs pas, il les frappe de la crainte du tourbillon infernal et sans fin où ils se sont engouffrés; puis, par la confiance et l'inépuisable patience et tendresse de Jésus, ils les ramène au bien, et leur fait faire une montée qui leur fait goûter la joie extraordinaire que Dieu seul peut donner" (Th).

Il sait trouver les mots qui conviennent à chacun; et ils sont nombreux, de tous rangs et toutes conditions, dans la chapelle où il se tient au confessionnal. Parfois, au moment de l'absolution, il a du mal à masquer son émotion, ses mains en tremblent. Des amis l'ont remarqué et lui en ont demandé la raison : "C'est qu'à ce moment précis je suis le représentant de Jésus Christ. Je suis comme le juge du pénitent, et l'instrument du pardon que Jésus désire lui donner. Je tiens en mes propres mains la vie de Jésus, son sang versé pour cette personne. Mais il est bien difficile de connaître les véritables dispositions de celui qui est là, à genoux devant moi. C'est en tremblant que je l'absous, à la pensée que cet extraordinaire don de Dieu pourrait être, par ma faute, indignement dispensé" (Th).

Parmi les pénitents, un religieux se présente au confessionnal. Habitué à le faire chaque semaine, sa démarche est parfois un peu routinière, et il n'a guère, pense-t-il, de grandes fautes à accuser. Bien sûr, sa récitation quotidienne des Psaumes, durant l'office, est remplie de distractions. A vrai dire, comme bien d'autres, il s'en fait une raison. C'est bien là le genre de fautes qu'on accuse, en n'y voyant que des péccadilles que le Bon Dieu regarde en souriant. Il ne s'attend guère à avoir là-dessus des remarques particulières. Mais voilà que le Père Barré s'émeut, il s'étonne, il s'enflamme : "Que dites-vous, mon très cher frère? Où était votre esprit pendant la prière? Vous étiez en présence de Dieu, et qu'en est-il du respect intérieur envers Lui? Si vous ne percevez pas cette présence de Dieu qui vous écoute, vous comprend, et même, bien plus, vous inspire, comment lui rendrez-vous un culte véritable? Si vraiment vous L'aviez contemplé comme vous deviez le faire, ce regard intérieur vous L'aurait rendu comme visible, au point de Le sentir en vous. Vous auriez éprouvé un respect profond, vous auriez goûté le bonheur et le repos de l'âme, le recueillement. Qu'y a-t-il là de laborieux ou de difficile? Dieu est partout présent : sa bonté infinie, sa miséricorde, sa justice, sa sagesse, son amour n'embrassent-ils pas tout? Souvenez-vous bien de ceci : nous habitons constamment en Lui, nous vivons en Lui, nous nous mouvons en Lui, nous sommes en Lui. Jamais Il n'est éloigné de nous. Mais cependant, dans le temps de la prière, Il se fait encore plus proche. A ces moments-là sa présence doit nous être encore plus familière" (Th). Surpris, puis touché par ces paroles, le religieux ne les oubliera jamais.

Depuis des années, le Père Barré a pris l'habitude de s'exercer à la prise de conscience fréquente, continue même, de la présence de Dieu, dans l'action comme dans la prière. Ceux qui l'observent en sont frappés. Peu d'hommes ont une attitude aussi pleine de respect, de discrétion, d'humilité. Le silence qui précède ses paroles est rempli de la densité de la présence d'un Autre. Dans le creuset de ce silence, il recueille la braise des mots lumineux et brûlants qui vont embraser d'autres coeurs.On lui demande de prendre en charge la direction spirituelle de personnes égarées, troublées, malades de scrupules ou révoltées, de prêtres qui ne vivent plus rien de leur sacerdoce, aussi bien que de mystiques et de grands apôtres. Il ne néglige rien pour les conduire à Dieu. D'autres directeurs spirituels, parmi les plus éminents, viennent le consulter. On peut imaginer sans peine le dialogue de Nicolas Barré, avec ceux qui venaient chercher auprès de lui des avis tirés de son expérience [1].

"Ce qui fait que les âmes sont touchées par Dieu, ce ne sont ni nos pratiques ni nos méthodes : c'est Dieu qui donne la croissance. Nous pouvons éclairer, mais nous ne pouvons pas convertir, ni même faire progresser dans la vie spirituelle. Si vous voulez coopérer à l'action de Dieu, il vous faut agir avec un total désintéressement et ne chercher qu'à favoriser son action dans les coeurs. C'est à l'Esprit Saint qu'il appartient de conduire chacun, il faut rester toujours sous sa dépendance, et seconder l'attrait de la grâce. Car tout progrès spirituel est fondé sur l'attrait de Dieu.

– Il me semble pourtant que vous avez conduit de bien grands pécheurs à la conversion!

"Le directeur est assez souvent comme ces ruisseaux bourbeux, qui, cependant, offrent une eau claire... Bien des grâces et des lumières qu'il reçoit lui sont données pour les autres et par les autres. Il est riche des biens d'autrui. Si on séparait ce qui lui est donné pour les autres d'avec ses grâces et ses dons personnels, il se sentirait presque nu, complètement démuni, pour travailler au salut du prochain. Dieu Lui-même prend de nous un soin particu-

---

1. L'entretien qui suit est tout entier inspiré des "Maximes Spirituelles pour la Direction des Ames". On ne donnera donc pas les références détaillées, sauf quand les paroles du Père Barré sont tirées d'autres écrits.

lier, et nous donne en abondance ce qui est utile à ce service : Il donne de vivre ce qui est à enseigner, Il le donne en surabondance. Aussi le directeur est semblable à celui qui, connaissant d'expérience les différentes parties de la maison, peut y marcher en pleine nuit, et y guider les autres en les avertissant des passages difficiles.

– Ainsi donc notre tâche est-elle essentiellement de guider et d'éclairer?

"Dieu veut faire du coeur de chaque personne sa véritable demeure, voilà l'oeuvre à laquelle Il nous demande de collaborer. Jésus Lui-même n'a cherché que cela, et Il l'a fait au prix de sa vie. Et nous-mêmes ne porterons qu'un fruit fort médiocre si nous n'acceptons pas d'être le grain qui meurt pour porter du fruit.

– Je vous entends bien, et c'est là l'essentiel. Mais vous serait-il possible de nous donner quelques avis sur la manière d'agir avec ceux et celles qui viennent s'adresser à nous? Il faut s'appliquer davantage à établir le bien qu'à détruire le mal, agir avec douceur afin de les gagner, et jamais avec mépris. Comme le bon Samaritain, il faut mettre l'huile avec le vin! Sachez écouter plus que parler, et souvent, par la personne elle-même, Dieu vous donnera la lumière dont vous avez besoin. Dieu est comme le centre d'un cercle qu'on peut atteindre par une infinité de voies différentes. Il faut prendre bien garde de ne pas détourner l'âme de la voie qui lui est propre, car ce serait l'égarer."

– Certaines de ces voies sont bien mystérieuses. J'ai reçu, voici quelque temps, une personne dans l'épreuve et mes paroles de réconfort n'ont guère semblé la toucher.

"Ceux qui sont dans la peine ou dans l'épreuve, il faut les écouter avec patience, compatir à leurs misères, même lorsqu'on ne connaît pas de remède à leurs peines. En attendant que Dieu Lui-même se charge de les consoler, la douceur de la conversation enlèvera une bonne part d'amertume de leur coeur. En les soutenant dans leurs épreuves, on leur apprend à en tirer profit."

– Mais on m'a dit, mon Père, et j'ai même lu dans certains courriers adressés à vos dirigés, et qu'ils ont eu l'obligeance de me communiquer, qu'il vous arrivait de rudoyer bien fortement ceux qui venaient se mettre sous votre conduite!" Sachez bien que l'on ne peut agir ainsi qu'avec les âmes fortes qui sont déjà gagnées à Dieu et qui ne cherchent que Lui. Pour soutenir une personne qui débute, il faut la prendre et la mener selon son penchant naturel, comme le fait habituellement l'Esprit de Dieu. C'est peu à peu qu'il faudra la conduire à une voie plus haute, à mesure qu'on la verra attirée par Dieu. Si la personne est fragile, il faut l'épargner, sinon on la rebute, et en voulant trop tirer, quelquefois on perd tout. Il faut du lait aux débutants, de l'indulgence, afin de ne pas effaroucher. Mais on ne peut en même temps satisfaire et sanctifier. Une fois la personne affermie dans son désir d'être à Dieu, il faut la traiter avec plus d'exigences, l'habituer à se priver des appuis humains, et même à se passer du directeur. Il ne faut pas accepter qu'elle soit toujours comme une petite vigne qui a besoin d'un tuteur!"

– Certes, il faut savoir se montrer exigeant avec ceux et celles qui cherchent Dieu sincèrement, mais encore faut-il savoir s'y prendre. La tâche n'est point aisée!

"Lorsque le coeur et l'esprit sont touchés de Dieu, et que vous avez perçu le chemin unique par lequel la personne est appelée à aller vers Lui, il faut savoir proposer fermement, en insistant, la volonté de Dieu. Mais il faut le faire adroitement, avec amour, en suscitant le désir, et non avec la rigueur et l'autorité du commandement. Ne flattez pas vos dirigés, quelque grâce extraordinaire qu'ils aient pu recevoir : les plus grandes sont ignorées, laissez-les un peu dans l'ombre afin que l'orgueil ne vienne pas tout gâter. Et quelque sainteté que la personne atteigne, on peut toujours inviter à plus. Il nous faut être, pour ceux qui cherchent Dieu, à la fois serviteur, compagnon, ami, frère, maître, médecin, roi, mais aussi parfois destructeur et bourreau pour le mal qui est en eux. Il faut savoir montrer, le moment venu, que nous sommes l'ennemi de tout ce qui en eux reste du monde et qui n'est pas de Dieu. L'être humain est capacité de Dieu, et lorsqu'il rompt d'avec Lui, il va à sa perte. Il nous faut rompre, briser, détruire ce qui a rompu avec Dieu, afin que toute la place Lui soit laissée pour une plénitude de sainteté, de sagesse, de bonheur. C'est là l'ouvrage de toute une vie. Trente, quarante, cinquante années de travail, de peines et de combats, ne seront pas mal employées pour cela!" (L 31).

– Auriez-vous encore quelques conseils à nous donner sur la relation avec les personnes qui veulent vraiment se mettre sous la conduite de l'Esprit Saint ? "Soyez toujours prêts à dire la volonté de Dieu, dussiez-vous en souffrir : il faut s'attendre à être critiqué, censuré, contredit, blâmé, même par des personnes d'une grande sagesse, qui pourtant peuvent avoir des vues trop humaines. Rappelez-vous que Dieu est tout, et que pour saisir le Tout, il faut savoir tout perdre.

Ne faites aucune distinction de personnes. Toutes sont l'oeuvre de Dieu. Ne cherchez pas les honneurs et les richesses en vous attirant les personnes nobles et distinguées plutôt que les gens du peuple. Le Sauveur Jésus se montra rarement aux palais des grands. Il est habituellement avec le peuple, avec les publicains et les pécheurs. Soyez donc indifférents à la condition sociale de vos pénitents, ne cherchez qu'à enseigner à tous le chemin de la sainteté (Th).

Si véritablement c'est là l'unique chose que vous recherchez, alors vous pouvez demander à vos dirigés une fidélité et une obéissance totales aux lumières que vous leur aurez communiquées de la part de Dieu. Il n'y a rien à craindre pour ceux dont la vie roule sur la véritable obéissance (L 32), et qui s'abandonnent totalement eux-mêmes entre les mains de Dieu. Habituez-les à modérer leurs paroles et à goûter le silence, à se tenir éveillés à la présence de Dieu. Ainsi Il pourra Lui-même les former, les embraser, et régner en eux.

Quant à ceux qui ont de la peine à entrer sur ces chemins, ne les découragez pas. Apprenez-leur à cultiver l'attente et le désir, jusqu'au jour où Dieu Lui-même viendra combler leur coeur en guérissant la secrète blessure du désir inassouvi et des aspirations qui n'ont cessé de s'élever vers Lui comme un murmure ou comme un cri."

– Il est vrai que certains croient avoir atteint un haut degré de perfection et sont, en fait, bien loin de Dieu, alors que d'autres se croient très éloignés de Lui : chétifs et peinés de leurs misères, ils vivent sans le savoir au coeur de son mystère.

" Cela est bien vrai. C'est pourquoi il faut rabaisser le vol des aigles de la vie spirituelle! Je veux dire par là de ceux qui voudraient servir Dieu d'une manière élevée et très intellectuelle. Laissons les anges servir Dieu à la manière des purs esprits. C'est en homme qu'Il veut être servi par les hommes.

Tenons-nous nous-mêmes en notre petitesse, et enseignons aux autres à faire de même. Voyez Jésus : pour annoncer le Royaume de Dieu, Il n'a jamais utilisé des raisonnements tirés des sciences les plus hautes. Il se servait de simples paraboles et ne cherchait pas à briller par ses propos. D'ailleurs n'a-t-Il pas dit : "Si vous ne devenez pas comme des petits enfants, vous n'entrerez pas dans le Royaume de Dieu? Oui, plus on est petit, plus Dieu permet de s'approcher et de se familiariser avec Lui. Pour arriver sûrement jusqu'à ses plus intimes faveurs, il faut devenir enfant en toutes choses."

Ceux qui l'écoutent reconnaissent en lui un véritable maître spirituel. Pour mener à Dieu, il est un destructeur d'illusions ; pour ouvrir à la vie, il fait traverser la mort ; pour conduire au bonheur, il enseigne à consentir à "l'enfer". Et ceux qui acceptent d'être guidés par lui, sur les chemins du paradoxe de la Foi, témoignent que c'est bien là que Dieu est venu à leur rencontre.

Détruire les illusions... à commencer par celle du savoir sur Dieu, et de notre capacité à nous faire par nous-mêmes. Quel long chemin de dépossession, de dépouillement, n'a-t-il pas parcouru lui-même jusqu'à la "lumineuse ignorance" (CS), pour pouvoir guider, dans leur nuit, ceux qui ne savent pas encore qu'elle est "excellent jour"! Car c'est une illusion de croire que la nuit n'est que nuit, que l'épreuve n'est que douleur, et que ce qui remplit nos coeurs peut les combler alors que ce n'est bien souvent que vide et néant. Pour se trouver, il faut se perdre, perdre les masques qui parviennent à peine à nous dissimuler à nous-même le vide de notre coeur. Combien de fois ne jouons-nous pas un personnage devant nous-même, devant les autres, devant Dieu? Celui qui croit avoir, celui qui n'accepte pas d'être dépossédé de sa toute-puissance imaginaire, ne peut s'ouvrir à la vérité. Il est prisonnier de lui-même et des ruines qu'il amoncelle. Comme si le prix que nous avons aux yeux de Dieu était lié à notre propre valeur! Comme si nous n'étions pas dans la dépendance radicale de Celui qui nous aime gratuitement et n'attend de nous qu'un amour gratuit! Seule la perte des illusions crée des êtres humains libres et libérateurs. Mais cela ne peut se faire sans consentir à passer par la mort, "l'anéantissement", la perte de soi pour se recevoir comme don de Dieu.

Dans la mythologie grecque, on raconte que Zeus avait condamné les danaïdes à remplir un tonneau sans fond. Terrible épreuve qui mène au désespoir et à l'épuisement, mais qui ressemble étrangement au cercle infernal dans lequel s'enferment tant d'hommes et de femmes qui s'imaginent avoir la maîtrise sans limites et sans fond de leur propre existence. Pour l'une de ses correspondantes, découragée de ne voir aucun résultat à ses propres efforts, Nicolas Barré a utilisé, en le transformant, le mythe des danaïdes (L 49). Il raconte l'histoire d'une pauvre femme, qui n'ayant pas même un morceau de pain à se mettre sous la dent, se fait embaucher pour tirer de l'eau. On lui promet un beau salaire pour chaque tonneau qu'elle va remplir. Elle s'active, mais ses efforts sont vains. Elle en découvre la cause : la bonde est enlevée. Elle s'empresse de la remettre et reprend son travail avec plus d'ardeur. Mais le maître revient et demande d'enlever la bonde, et de poursuivre la tâche. Après quelque temps, le découragement prend le dessus : tant d'efforts inutiles, tant de fatigue pour rien. "Je n'ai plus guère de courage pour continuer", dit-elle, à celui qui lui a confié ce travail. "Je te l'ai demandé; peux-tu te contenter de savoir que cela me fait plaisir?" Elle reprend sa tâche et finit même par la faire avec joie, heureuse de pouvoir procurer du bonheur à celui qui la lui a demandée. Vient le moment de la paye. "Je n'ai rien mérité", dit-elle, "au contraire, j'ai bien perdu du temps et murmuré". Mais le maître lui découvre alors un immense réservoir qui, grâce à la peine qu'elle s'est donnée, est maintenant rempli d'une eau limpide. Et, pour la récompenser d'avoir poursuivi, uniquement par amour, une oeuvre dont elle ne pouvait percevoir le résultat, il la paye doublement et la fait riche pour toujours. Imaginez alors sa joie! Et le Père Barré conclut ainsi la parabole : "Voilà une image de ceux qui travaillent uniquement pour l'amour de Dieu et qui cherchent à Lui rendre gloire en travaillant au salut des autres et à leur propre sanctification, sans voir de résultat ni de progrès, mais qui persévèrent toute la vie, conscients de leur pauvreté, sans désirer de récompense, trop heureux que Dieu veuille bien les associer à son oeuvre".

Ainsi la tâche impossible des danaïdes, la radicale incapacité humaine de remplir par soi-même le vide intérieur, devient pour Nicolas Barré le lieu même du salut donné et accueilli.

"C'est un esprit dépouillé et nu,
Réduit à si grande disette
qu'il n'a, ni ne veut rien avoir
afin que par cette disette,
en Dieu seul, il ait tout son bien". (CS 5)

Mais le chemin qui mène jusque-là est un chemin difficile. "Il en faut des oppositions pour arriver à la lumière, et des troubles pour arriver à la paix" (L 2). Ce chemin est pour Nicolas Barré, qui l'a vécu, une descente aux enfers.

L'enfer... les prédications de ses contemporains en sont remplies comme d'une menace pour ceux qui s'écartent du droit chemin! Mais de cet enfer-là, il parle peu : il est mystérieux et inconnu, "et on avance ordinairement bien plus quand on agit par amour que par crainte de l'enfer", dit-il (MTP 7). Par contre, il est un autre enfer, qui revêt plusieurs formes, et qui est intérieur à chacun. De celui-là, il a fait l'expérience : c'est la négation de l'amour, c'est la confusion intérieure entre le bien et le mal, la vie et la mort, c'est le monde des illusions. Et pour naître, pour vivre, il faut sortir de cet univers, s'en laisser déposséder.

Mais c'est aussi l'enfer mystique, celui de la nuit, du doute, de l'absence de Dieu, du sentiment d'être réprouvé, rejeté, c'est la tentation du désespoir. Cette épreuve, Nicolas Barré a appris qu'il fallait l'habiter, pour qu'elle devienne fontaine d'eau vive. Accueillie, la disgrâce peut devenir grâce, et l'extrême pauvreté une grande richesse (L 10). Mais à condition d'accepter de demeurer dans cet état de désolation, de ne pas le fuir, et, sans s'y complaire, d'y habiter comme au lieu où Dieu veut nous façonner à l'image de son Fils. C'est là, au plus profond du gouffre, qu'Il appelle à la confiance éperdue, pour que la souffrance prenne le visage de l'amour.

Parmi ceux qui viennent le consulter, quelques-uns connaissent, comme lui-même, cette descente aux enfers. "Prenez courage dans votre extrême découragement" (L 15), leur écrit-il. "Apprenez à vous tenir dans vos faiblesses et par elles, à arriver à Dieu" (L 12). "Vivez en paix au plus fort de votre guerre" (L 29). Car celui qui s'avance sur cette route ne fait véritablement l'expérience d'être perdu qu'au moment où il se sait sauvé. Alors "la vue de ses faiblesses et de son indignité devient une connaissance douce, humble et tranquille" (L 46), en découvrant comment même l'épreuve de sa propre faiblesse peut devenir "une secrète conduite d'amour de Dieu".

Ainsi, explique le Père Barré, à ceux qui peuvent entendre ce langage, on est amené à vivre simultanément dans l'enfer, au paradis, et sur la terre, "en bas, en haut et au milieu". En bas : en descendant au plus bas, comme Jésus et avec Jésus, et en entrant profondément dans la connaissance de soi, de sa pauvreté, de son "néant". En haut : car plus on s'enfonce vers le bas, plus Dieu inonde de sa paix, de la douceur de son bonheur, de la connaissance intime et inexprimable de son être. "C'est la mort et la vie ensemble, le bas et le haut ensemble, les élévations et les abaissements ensemble. Une très profonde vallée fait une très haute montagne" (RA 8).

Mais la dynamique même de ces deux mouvements, simultanés et continus, conduit à l'état "du milieu": celui où l'amour et la foi portent à agir pour le prochain, à se mettre à son service, à s'oublier soi-même pour répondre à ses besoins, et lui ouvrir à lui aussi, le chemin qui va vers Dieu.

"Depuis quarante-quatre ans que Dieu m'a appelé à m'appliquer à la vie spirituelle, voilà la voie que j'ai trouvée la plus courte, la plus assurée, la plus paisible et la plus élevée" (L 56).

# CHAPITRE 13

## 1685 - 1686 Ultimes épreuves

Nicolas Barré est consulté du matin au soir, harcelé parfois, il n'en laisse rien paraître. Ceux qui le connaissent parlent de lui comme d'un saint, mais il ne supporte pas les louanges. S'il arrive que l'on fasse devant lui, son éloge, il répond : "Vous me connaissez bien peu, je pense même que vous ne me connaissez pas du tout". Il ne s'agit pas d'une pieuse modestie, d'une humilité de façade qui savoure intérieurement les louanges. La prière de Nicolas Barré l'a conduit à habiter, dans la paix, le dénuement intérieur radical dont l'enfant de Bethléem reste, pour lui, le symbole le plus puissant. Cet enfant, sans valeur dans la société, né dans l'insécurité d'un exode, symbole de fragilité et de pauvreté, est le lieu même de révélation de la divinité. Pour naître à Dieu, et sans cesse renaître, il faut entrer dans le dénuement de la naissance. Le vieux Nicodème fut choqué à l'idée de cet accouchement, mais Nicolas Barré a appris à habiter dans son propre néant, le lieu permanent de sa naissance à l'infini, le lieu où l'humain se divinise.

Loin de rendre étranger au monde, d'enfermer dans la jouissance de sa propre béatitude, la sainteté véritable augmente la sensibilité au mal, elle aiguise la capacité de souffrir, mais cette souffrance naît de l'amour, et elle en prend le visage. La sainteté n'est pas perfection humaine, ni même morale. Elle est accueil croissant et persévérant du don infini de Dieu, dans la finitude, les faiblesses, les limites, le péché. Elle est conversion, retournement, continuels. Aussi fait-elle communier à la souffrance du mal en l'autre, et brûler du désir de l'en voir délivré. Le Père Barré en a eu, un jour, une révélation fulgurante alors qu'il se préparait à donner la communion à une autre personne. Avec elle il redisait les mots : "Seigneur, je ne suis pas digne que Tu entres sous mon toit, mais dis seulement une parole et je serai guéri". Il réalisa brusquement : "Je dis ces mots, mais c'est l'autre qui communie, et pourtant je dis bien "sous mon toit". Ce fut comme une illumination intérieure : "Oui, en Jésus, moi c'est lui, et lui c'est moi, et cela je peux le dire pour tous les autres, et donc pour tous les pécheurs. Je me sens pécheur en tous les péchés des hommes. Et c'est ainsi que Jésus a été toute sa vie. Il a pris sur Lui tous nos péchés. Nous qui voulons que notre vie ne fasse qu'un avec la sienne, qui sommes membres de son corps, nous devons, par amour, nous sentir pécheurs dans tous les péchés du monde, et donc en porter la douleur et la peine. Notre prochain est un autre nous-même : croyons que son péché est le nôtre jusqu'à ce que Dieu fasse la séparation du bien et du mal que nous avons en commun. Alors seulement nous ne ferons qu'un aussi avec tout le bien qui est dans l'humanité, et qui sera source de joie pour toute l'éternité" (RA 10).

A ceux qui s'étonnent, incapables de saisir la profondeur mystérieuse de cette expérience, et qui n'y voient que la recherche malsaine de fardeaux inutiles, il répond que ce n'est pas un fardeau mais une expression de l'amour. Cette sérénité, Nicolas Barré l'a acquise au prix de durs combats, elle ne le quittera plus.

Il est heureux de constater cette même force d'âme en bon nombre de Maîtresses de l'Instruction Charitable. On les appelle dans quantité de paroisses, au point que Servien de Montigny, qui le seconde dans l'administration, ne peut satisfaire toutes les demandes. L'expansion, tout comme l'expérience acquise, font naître le besoin de revoir les statuts et l'organisation de l'Institut naissant. Difficultés, tensions, recherches marquent le cheminement du groupe, tout autant que l'enthousiasme et la générosité. Les quelques communautés regroupant un grand nombre de femmes attendent un règlement intérieur qui organise la vie quotidienne. Beaucoup souhaitent que les Statuts et Règlements ébauchés en 1677 soient revus par le Père Barré lui-même. Ainsi auront-ils plus de poids face aux menaces de division. Un nouveau texte est rédigé par Nicolas Barré : il répond à une expérience suffisante pour qu'on puisse maintenant l'imprimer. Ainsi chacune pourra l'avoir en sa possession, et les nombreuses Maîtresses, envoyées deux par deux dans les villages et les bourgs, pourront s'y référer. Toutefois l'organisation minutieuse de la vie d'un groupe de vingt à quarante femmes ne les concerne pas. Pour elles, écrit le Père Barré, "qu'elles aient soin au moins, de ne pas manquer à l'oraison et à l'office de la Vierge (prière quotidienne recommandée alors à tous les chrétiens), d'assister à la messe, de faire la lecture spirituelle et l'examen de conscience, de prendre leurs repas, et de dormir suffisamment pour ménager leurs forces spirituelles et corporelles" (AS 3).

A l'édition des Statuts et Règlements, Nicolas Barré ajoute un autre texte, rédigé quelques années auparavant, destiné au grand public. Il l'intitule "Mémoire Instructif pour faire connaître l'utilité des Ecoles Charitables du Saint Enfant Jésus". Il veut que ceux qui appellent la collaboration de ses Filles sachent bien ce qu'ils sont en droit d'en attendre. De même, il est bon que les jeunes femmes attirées sur cette voie soient bien informées du style de vie "à l'apostolique" qu'elles auront à vivre : le service du développement humain et spirituel des pauvres leur demandera un désintéressement total, et une entière liberté à l'égard des personnes, des lieux, de l'argent, du succès, et de toute recherche de sécurité.

Nicolas Barré sent-il sa vie tendre vers une fin prochaine? Est-ce cette perspective qui le pousse à parachever la mise en place de l'organisation de l'Institut qu'il a fondé? Y est-il poussé par ses amis? Cette même année 1685, il rédige les "Règlements pour les écoles du travail manuel" qui se sont multipliées. Mais d'autres événements influencent peut-être aussi la mise au point et la publication des principes essentiels à l'Institut et de sa règle de vie. La division entre les administrateurs de Paris et Rouen s'accentue, au point que l'Institut semble avoir maintenant deux administrations distinctes. Or, voici que des circonstances historiques vont, par ordre du roi, amener les soeurs Barrettes à s'établir au sud du pays, en Languedoc, pour y ouvrir des écoles destinées aux "nouvelles converties" du protestantisme. Les Soeurs de l'Instruction Charitable ont, plus que jamais, besoin d'une vision claire de leur mission, de leur but, et de l'esprit qui doit les animer si elles ne veulent pas être menacées d'éclatement ou perdre leur raison d'être.

Qui sont ces "nouvelles converties" auxquelles le Roi ordonne d'envoyer des Maîtresses Charitables? Elles sont les victimes de l'intolérance du pouvoir royal qui, en cette année 1685, vient de décréter la suppression de tous les droits des protestants : ils n'ont plus d'autre choix que de "se convertir", fuir, ou risquer de périr. Douloureuse étape d'une longue histoire qui reste gravée aujourd'hui encore dans les mémoires. Près d'un siècle auparavant, dans un désir de paix, le roi Henri IV avait, par l'Edit de Nantes, reconnu aux protestants, nombreux dans le sud du pays, la liberté de culte, assortie de droits que certains catholiques considéreront très vite comme des privilèges excessifs. Bientôt le pouvoir cherchera à les réduire et à multiplier les interdits, afin de diminuer l'influence des protestants que l'on appelle également "Huguenots". La répression du protestantisme par le grignotage de ses libertés a commencé dès 1629. Toutes sortes de pressions s'exercent, et l'on achète des conversions par de l'argent ou des offres d'emploi. Les pratiquants du protestantisme, qu'on qualifie avec mépris de "religion prétendument réformée", représentent 5 à 6 % de la population, soit un million de croyants. Ils gardent une foi vivante, nourrie par la lecture de la Bible, le livre sacré auquel peu de catholiques ont encore accès, même si certains fréquentent beaucoup les Psaumes. A partir de 1661 les interdits se multiplient à leur égard : restriction du droit de réunion, de prédication, d'émigration, interdiction d'accès à certaines professions, refus d'inhumation dans les cimetières catholiques, et de funérailles durant la journée, etc... Une caisse est créée pour acheter les abjurations. Le roi Louis XIV n'a-t-il pas juré, lors de son sacre, "d'extirper l'hérésie du Royaume"? Tout doit être fait pour appliquer le principe d'unité du monarque absolu : "Une foi, une loi, un roi".

A partir de 1681, c'est l'étranglement par la force. Les soldats de l'infanterie à cheval, les dragons, sont utilisés pour obtenir les abjurations, en terrorisant villes et villages par les pillages, les brutalités et les massacres. Ceux qui veulent fuir à l'étranger sont recherchés et condamnés aux galères. Les catholiques dans leur majorité, approuvent l'action du roi et de ses armées. Jésus ne dit-Il pas, dans la parabole des invités au festin, "force-les à entrer" (Lc 14,23)? Cette manipulation de l'Evangile leur sert de justification. Sous la terreur, les "conversions" sont nombreuses : trois à quatre cent mille. La conséquence est d'une logique absolue : puisque la religion prétendument réformée est extirpée du territoire, tout ce qui avait été ordonné précédemment en sa faveur par l'Edit de Nantes devient inutile! Celui-ci est donc révoqué, en octobre 1685, par l'Edit de Fontainebleau. Temples et écoles sont fermés ou détruits, et les biens des émigrés seront confisqués, s'ils ne rentrent pas dans un délai de quatre mois. Deux cent mille Huguenots choisissent de s'exiler.

A ceux qui restent, à leurs enfants surtout, il s'agit d'enseigner la foi catholique. Convertis de force, parfois enlevés à leurs parents protestants par des oncles, tantes ou cousins catholiques, convaincus de faire ainsi une bonne action, des milliers d'enfants vont être instruits, sur ordre du roi, dans la religion d'Etat.

De nombreux instituts religieux sont alors requis d'envoyer un certain nombre de leurs membres enseigner les nouvelles et nouveaux convertis, et tenir des pensionnats pour ceux et celles qui ont été enlevés à leur famille. Hors de toute reconnaissance légale, l'Institut du Père Barré est cependant bien connu par les gens au pouvoir. L'Abbé Servien de Montigny, son administrateur pour Paris, a de nombreuses relations dans l'entourage du roi. Le monarque lui ordonne d'envoyer huit Filles dans le Languedoc, il se charge lui-même des frais du voyage et d'installation à Montpellier et à Montauban. Le gouverneur du Languedoc, Monsieur de Baville, décide qu'elles habiteront, à Montpellier, dans la maison de Madame d'Amboise, sur la paroisse Notre-Dame, et à Montauban, dans un vaste local, construit quelques années auparavant, aux frais du roi, pour l'oeuvre des "Nouvelles Catholiques", situé dans le quartier du Moustier. Les "dames régentes", comme on appelle à Montpellier et dans les Cévennes, les Maîtresses d'école, sont assez vite adoptées par la population meurtrie. Elles traitent leurs élèves avec beaucoup de douceur, de bonté, de respect. N'ont-elles pas appris du Père Barré que "l'honnête liberté de conscience est une chose essentielle" (AS 1)?

Très vite aussi elles cherchent comment organiser de petites écoles gratuites dans divers quartiers populaires de la ville, sans se confiner aux lieux assignés par Monsieur de Baville. Dans quelle mesure Nicolas Barré est-il lui-même associé à cet envoi? Quelle fut sa réaction à l'ordre du roi? Nous ne possédons actuellement aucun document qui permette de répondre à cette question, et ses biographes, les Pères Raffron et Thuillier, n'en disent rien. En cette fin d'année 1685, ses forces ont beaucoup décliné, et d'autres que lui assurent le gouvernement de l'Institut : Montigny, Giry - provincial des Minimes - et Raffron à Paris, Messieurs de Grainville, de l'Espinay et Fauvel à Rouen. C'est à Servien de Montigny que le secrétaire du roi adresse la correspondance concernant l'envoi des Maîtresses d'école en Guyenne et Languedoc. Nicolas Barré n'est nommé ni dans la demande, ni dans la réponse. Une seule mention des jeunes protestantes est faite dans les écrits du Père Barré qui nous sont parvenus. Dans les Règlements pour les écoles charitables, il est signalé qu'"on peut recevoir les filles huguenotes, en faisant attention qu'elles n'apportent aucun livre ou catéchisme qui soit différent des autres" (AM 21). Aucune mention de "conversion" préalable ou à obtenir.

Barré est unanimement reconnu par tous comme "l'Instituteur" (= fondateur) et l'inspirateur de ce groupe apostolique de femmes qui n'ont d'autre ambition que de partager avec les pauvres la Bonne Nouvelle d'un Dieu qui les aime, et de restaurer en eux son image. La mission des soeurs, envoyées auprès des jeunes converties dont les familles sont souvent ruinées, douloureuses, fut silencieusement portée par Nicolas Barré dans sa prière.

L'expansion des Soeurs de l'Instruction Charitable a dépassé ce que le Père Barré pouvait imaginer. Les soeurs ont même entendu parler du Siam (aujourd'hui Thaïlande) et de la difficulté pour les missionnaires d'y rencontrer les femmes; le désir de partir en ce lointain pays commence à germer dans le coeur de certaines [1]. Bientôt, et pour

1. Un an après la mort du Père Barré, Servien de Montigny fera au roi la demande officielle d'autoriser des Soeurs à s'embarquer pour le Siam. Mais l'autorisation sera refusée en raison des risques encourus durant le voyage, par quelques femmes, au milieu des navigateurs.

quelques années, les Soeurs Barrettes vont également contribuer à former les futures religieuses de Saint Louis, dans la maison de Saint Cyr fondée par Madame de Maintenon - de son vrai nom Françoise d'Aubigné - qui est, depuis deux ans, l'épouse secrète du roi. Qui est-elle, cette femme que l'on nommera parfois "la première institutrice de France"?

Françoise est née en prison! Son père, Constant d'Aubigné, a dilapidé la fortune de la famille. Il est accusé de meurtres et de fabrication de fausse monnaie. Il a séduit la fille du géôlier et Françoise est leur troisième enfant. D'abord confiée en nourrice à l'une de ses tantes, chez qui elle mène la vie d'une petite paysanne, elle rejoint ses parents à l'âge de huit ans, pour s'embarquer en direction des Antilles. Son père, libéré, espère y faire fortune. Il n'y parviendra guère et meurt en laissant les siens sans ressources. Ils rentrent en France, dans un pays en guerre, où Françoise connaît à nouveau une vie d'errance, d'abandon, d'adoption.

A seize ans, elle épouse Paul Scarron, le poète célèbre, infirme et burlesque, son aîné de trente-deux ans ans, qui meurt lorsqu'elle en a vingt-quatre. C'est alors à elle que la maîtresse du roi fait appel pour élever en cachette les enfants qu'elle a eus du monarque. Une fois légitimés, Françoise les suit à la cour. Peu de mois après elle supplante Madame de Montespan dans les faveurs du roi. Les libéralités royales lui permettent d'acheter le château de Maintenon et le titre qui lui est attaché. Peu après la mort de la reine, Louis XIV lui propose un mariage secret qu'ils contractent en 1684.

Devenue Madame de Maintenon, Françoise d'Aubigné n'a pas oublié les malheurs de sa jeunesse. Elle sait que dans le Royaume de France, il y a des milliers de jeunes filles issues de la noblesse militaire ruinée par les guerres ou les aventures. Parfois réduites à l'indigence, elles se voient obligées d'épouser ceux qui voudront bien d'elles et dont le nom leur évitera une complète déchéance.

Une de ses amies enseignait un petit groupe de filles dans les environs de Paris. Faute de ressources, elle ne pouvait continuer. Elle demande de l'aide à Françoise, bien placée pour obtenir quelques secours. En 1682 Madame de Maintenon lui offre une maison à Rueil pour poursuivre l'oeuvre qu'elle avait commencée. Elle aime y rendre visite à son amie, car - ce qui est bien rare à l'époque - elle a beaucoup d'intérêt pour ce qui concerne l'éducation et l'enseignement. Le nombre croissant des filles qui fréquentent l'école de Rueil amène son transfert au Château de Noisy, en 1684, et l'aide d'une "Maîtresse Charitable" est demandée à Servien de Montigny. Charlotte Giltier de Saint Pars est désignée pour prêter main forte.

Devant le succès de l'école de Noisy, Madame de Maintenon conçoit l'idée d'élever gratuitement deux cent cinquante filles pauvres de la noblesse, dans un pensionnat construit à cet effet au village de Saint-Cyr. Elle veut fonder pour cela une communauté religieuse : les Dames de Saint Louis. Il fallait les former. Elle prévoit donc de faire appel aux Filles de Saint Vincent de Paul, pour leur apprendre "la pharmacie et la pratique des infirmeries", à la Visitation et aux Ursulines pour les former à la vie religieuse, et aux Filles du Père Barré pour en faire des éducatrices [2].

---

2. Douze Soeurs du Père Barré, appelées "dames externes", ont contribué à la formation pédagogique des Dames de Saint Louis et à l'enseignement dispensé à Saint Cyr, où elles ont été envoyées en août 1686, après la mort du Père Barré. Elles quitteront Saint Cyr en 1694, après la profession religieuse des "Dames de Saint Louis". Mais Charlotte de Saint Pars décidera de rester, et de se joindre à la nouvelle communauté. Après le départ des Soeurs Barré, Louis XIV et Madame de Maintenon se montreront reconnaissants pour le service rendu à une oeuvre qui leur était chère. Le roi attri-

Le Fondateur fut-il consulté avant sa mort? A nouveau nous n'avons à ce sujet que très peu d'information. L'envoi à Saint-Cyr aura lieu trois mois après son décès. On est en droit de penser que cette mission provisoire, auprès d'une jeunesse marquée par la souffrance et la pauvreté, porte l'empreinte de la disponibilité et du désintéressement qu'il a voulus pour son Institut. D'ailleurs, en bien des lieux des Filles ont été envoyées pour contribuer à la naissance d'oeuvres d'éducation populaire. Ainsi Ursule d'Orlé se prépare à partir pour Lyon afin d'aider les débuts des Soeurs de Saint Charles, fondées par Charles Demia. Parfois, sous la pression des évêques, ou en raison des difficultés de communication, le groupe devient autonome, donnant ainsi naissance à une congrégation diocésaine ou à un institut nouveau. Qu'importe, si tout cela peut contribuer à rendre aux pauvres leur dignité. Cet Institut n'est-il pas fondé sur un désintéressement universel (MF 4)?

Barré n'ignore pas cependant le danger qui guette Charlotte à Noisy, et d'autres Soeurs dont la compétence a attiré l'estime des grands. En novembre 1685, il écrit : "Si quelque soeur, en raison de sa compétence ou pour tout autre raison, se rendait si agréable et si précieuse aux personnes de qualité qu'elle vînt même à s'y attacher et à s'en croire supérieure aux autres, il faudra sagement chercher à l'enlever à ce maudit esprit du monde, et à la ramener à son véritable Père, l'Enfant de l'étable de Bethléem, Jésus. Et si elle ne travaille pas à ce changement, elle sera exclue de la communauté des Soeurs Maîtresses des Ecoles du Saint Enfant Jésus" (RET 18). Le vieil homme sait bien que toute recherche de prestige ou de puissance risque de mener l'Ins-

---

buera une rente annuelle de cinq mille livres à la maison-mère. En réponse, lorsque l'Abbé Servien de Montigny publie les Lettres Spirituelles du Père Barré (1694), il en adresse la dédicace à Madame de Maintenon.

titut qu'il a fondé à sa perte. Sous le succès apparent, les périls ne manquent pas. Qu'en sera-t-il du fruit de toute une vie de service, de parti pris pour les pauvres, de toute une vie de combat et d'épreuves?

# CHAPITRE 14

## 1686 - Les derniers mois

Sa vie, depuis longtemps, il l'a remise entre les mains de Dieu; entre ses mains aussi l'Institut qu'il a fondé. Que deviendra-t-il? Ne risque-t-il pas de s'écarter de "la pureté de l'esprit apostolique", qu'il veut défendre jusqu'au bout, par ce solide rempart qu'est le refus de toute fondation? Or, c'est là le noeud du conflit latent qui oppose les administrateurs des deux maisons principales : Rouen et Paris. A Rouen, Monsieur de Grainville a la mainmise sur toute l'administration. Il ne peut concevoir que l'Institut puisse subsister sans une garantie de sécurité matérielle pour l'avenir. Mais, à Paris, Nicolas Barré tient bon. On a beau le solliciter, lui prouver que c'est folie, lui montrer que cela va conduire à la séparation de la communauté de Rouen, qui fut celle des origines, d'avec celle de Paris qui se répand aujourd'hui dans toute la France, on a beau le persuader que l'avenir est trop incertain pour prendre de tels risques, la réponse du religieux affaibli et malade jaillit toujours aussi ferme : c'est non! Il préfère voir tomber l'oeuvre plutôt que de la voir perdre sa liberté par l'excès de sécurité. C'est sa précarité qui fait sa solidité. Peu nombreux sont ceux qui le comprennent. Ceux-là savent que "les Ecoles Charitables du Saint Enfant Jésus sont l'oeuvre de Dieu. Si les hommes y mettent la main, Dieu retirera la sienne. Dès qu'ils voudront se charger de l'établir et d'en prendre soin,

Dieu la leur abandonnera. Il n'y reconnaîtra plus son oeuvre. Et Il cessera de lui accorder cette protection admirable et toute spéciale qui donne à l'Institut un caractère tout particulier" (RNF 14).

Ni la sécurité des fondations, ni la reconnaissance légale par les lettres patentes, ni un statut officiel dans l'Eglise ne doivent compromettre l'Abandon total à la Providence de ces "apôtresses" que doivent être, en tout lieu, les Filles du Saint Enfant Jésus. Or le danger est à la porte, il le sait. On lui rapporte que, dans certaines communautés, le vice de propriété à l'égard de l'argent vient tout gâter : ici chacune veut user pour elle-même les deux cents livres qui lui sont allouées, et l'on se dispute pour savoir qui paiera les dépenses communes ; là on cherche à se faire donner en cadeau nourriture et vêtements afin de pouvoir disposer autrement de l'argent remis pour ces dépenses ; les huit soeurs envoyées en Languedoc par ordre du roi se sont partagé les trente pièces d'or qui leur restaient à la fin du voyage, en se promettant le secret sur cette affaire [1] Faiblesse humaine à laquelle, il le sait, personne n'échappe, mais qui, si l'on n'y prend pas garde, érodera peu à peu cet esprit de détachement total, sans lequel il n'est pas de vrais apôtres.

L'ordre du roi d'envoyer en Gascogne huit Filles de l'Instruction Charitable, l'enthousiasme avec lequel Servien de Montigny a répondu, l'appréciation manifeste de Madame de Maintenon pour les qualités éducatives de Charlotte de Saint Pars à Noisy, ne risquent-ils pas d'ouvrir, indirectement, une brèche dans le rempart qu'il a dressé pour maintenir l'oeuvre dans toute sa pureté? Au soir de sa vie, il le sait, à Rouen comme à Paris, tout risque bientôt de s'effondrer.

1. Les faits sont rapportés dans le compte rendu de la réunion de Magny dont on parlera plus loin

Ses amis en sont bien conscients : si rien n'est fait, de son vivant, pour unir les maisons de Paris et de Rouen, les divisions seront ensuite insurmontables. Il faut agir, et vite. Des contacts sont pris, et une réunion est décidée pour le 10 avril, entre les administrateurs de Rouen et ceux de Paris. Trois pour Rouen : Messieurs de Grainville, de l'Espinay et Fauvel; tous les trois occupent des postes politiques et administratifs importants en Normandie. Trois pour Paris : deux Minimes, le Père Giry, provincial, et le Père Raffron, ainsi que l'Abbé Servien de Montigny. On choisit un lieu neutre, à égale distance de Rouen et de Paris, le bourg de Magny [2]. La rencontre a été soigneusement préparée, et chacun sait que la négociation sera difficile. Nicolas l'a redit à ses trois amis avant leur départ : opposez-vous à toute fondation.

Mais ceux-ci ont préparé leur stratégie. Si ces messieurs de Rouen s'obstinent, et mettent comme condition à la réunion avec Paris, l'acceptation de fonder, tout sera immédiatement bloqué. Ils pourraient donc concéder que la maison de Paris soit bénéficiaire d'une fondation, mais non les Maîtresses, là où elles sont envoyées. Et si la proposition est acceptée, ils tâcheront à leur retour d'amener le Père Barré à accepter cette concession. En outre, Monsieur de Grainville est un excellent administrateur, il est aussi considéré à Rouen comme "l'instituteur" (= l'initiateur) des Ecoles Charitables. Il ne se détachera pas si facilement de cette oeuvre dont, à juste titre, il tire une certaine fierté. On lui proposera donc de venir à Paris prendre la responsabilité administrative de l'ensemble. Ainsi Rouen ne semblera pas mis en tutelle par Paris.

Les négociations sont difficiles. Les questions économiques sont au centre du débat, et l'obtention des lettres

---

2. Un document manuscrit, déposé aux archives de Rouen, dresse le procès-verbal de cette réunion et des questions qui y ont été abordées.

patentes par Paris, est la condition sine qua non mise par Rouen à la réunion. Si l'on accepte une fondation pour la maison de Paris, les biens de Rouen passeront à la caisse commune, moyennant l'entretien, par Paris, de cinq Filles à Rouen. Quant à Monsieur de Grainville, le procès-verbal de la réunion est clair : "il ne peut se livrer à Paris" si on n'obtient pas "les lettres patentes pour la fondation".

De plus, les messieurs de Rouen pensent que cet arrangement a besoin d'être davantage réfléchi et clarifié. On veut savoir : "Quel est l'ouvrage auquel on veut appliquer Monsieur de Grainville, pour le mettre en balance avec l'emploi actuel, où il est présentement, et qu'on veut lui faire quitter? Cet emploi auquel on le destine est-il plus pour la gloire de Dieu que celui qu'il pratique présentement?" La proposition ne semble pas acceptable, car "il est vraisemblable qu'on peut trouver des personnes qui peuvent remplir la place qu'on lui destine à Paris. Au contraire, il est sûr qu'on ne peut pas trouver en Normandie une personne qui puisse faire toutes les choses qu'il y fait". Les points d'accord sont bien fragiles et l'avenir incertain. Cependant, preuve de bonne volonté réciproque, on accepte de discuter ensemble d'un certain nombre de questions relatives à la vie de l'Institut, et "des abus que l'on reconnaît s'être glissés, tant dans les communautés de Paris et de Rouen que dans tous les autres lieux où l'on a envoyé une ou plusieurs Soeurs". Nouvelle preuve de bonne volonté que de ne pas chercher à se dissimuler mutuellement les difficultés. Toutefois les supérieurs des deux maisons principales "y remédieront chacun de leur part sans prendre sur ce point les avis des supérieurs de l'autre maison".

Outre les questions relatives à l'esprit d'indépendance et de propriété à l'égard de l'argent, auquel on remédiera en "trouvant un moyen d'amener les Soeurs à se rendre compte les unes aux autres, tant les jeunes que les supérieures", d'autres points sont abordés : les inconvénients dus aux manques d'expérience de certaines jeunes soeurs; les trois Soeurs qui, dans les environs de Montpellier, sont désunies en toutes choses; celles qui se font apporter des mets particuliers aux repas; les amitiés douteuses; des supérieures qui cherchent à se gagner les bonnes grâces des jeunes soeurs afin que celles-ci viennent leur rapporter ce qui se passe; des jeunes soeurs qui font écrire par d'autres, aux supérieurs, des lettres louangeuses à leur égard... Autre preuve du désir d'avancer vers l'unité, on décide de l'envoi de plusieurs Filles dans des lieux dépendant aussi bien de Rouen que de Paris. Françoise Duval est du nombre [3]. On se propose de l'envoyer en Gascogne.

Lorsque les six hommes se séparent, ils sont conscients que, si quelques pas ont été faits, les liens demeurent fragiles. De retour à Paris, les Pères Giry et Raffron retrouvent le Père Barré à l'infirmerie où on l'a installé depuis quelque temps. Ils sont bien décidés à le convaincre d'accepter la solution raisonnable qui permettra la fondation, sans pour autant que les Filles de l'Instruction soient assurées personnellement de la sécurité qu'elle apportera. Et pour qu'il accepte cette solution avant sa mort prochaine, ils ont décidé de faire également intervenir leur supérieur général, le Père Antoine Périer, afin de faire pression sur sa décision.

Usé par la maladie, épuisé par les traitements que lui imposent les médecins, il demeure cependant plus solide que le roc dans sa détermination : "Il vaut mieux tomber

---

3. Françoise Duval, après avoir aidé à la fondation de Reims, a aidé à celle de Lisieux, où elle a été aimée et estimée. Très attachée aux principes qui ont été à l'origine de l'Institut du Père Barré, elle était probablement, pour les administrateurs de Rouen, un élément de contestation qu'ils préféraient éloigner. Mais elle meurt, à Sotteville, en septembre 1686, avant d'avoir pu partir pour le midi.

dans les mains de Dieu sans avoir d'établissement humain, que de tomber dans les mains des hommes par la fondation". Il le sait, cela va provoquer la scission, et des soeurs, à Rouen, s'en inquiètent, car elles ignorent qui, en Normandie, prendra la succession du Père Barré. A Paris, on sait que le Père Giry s'apprête à prendre le relais, mais à Rouen ?... Où et par qui le groupe va-t-il être mené ? Les Soeurs s'inquiètent et l'une d'elles décide d'écrire directement au Père Barré afin qu'il désigne son successeur. Elles veulent aussi affirmer symboliquement et publiquement leur lien avec le Minime, en prenant le cordon de Saint François de Paule, cette ceinture à trois noeuds que portent les tertiaires.

Lorsque la lettre parvient au couvent de la Place Royale, le Père Barré n'a plus la force d'écrire. Le 17 mai, son état s'était aggravé. A ses amis qui l'interrogent sur sa santé, sa réponse est identique à celle qu'il a toujours donnée dans le passé, au cours des multiples accès de la maladie : "J'ai tout remis entre les mains de Dieu, je confie tout à sa bonté et à sa miséricorde, ma vie, ma mort, et donc aussi ma santé" (Th).

Le 24 mai, il célèbre la messe à 7 heures, comme il le fait chaque jour. Mais, à 11 heures, il est plus mal. Nausées et vomissements ne cesseront plus durant une semaine, jusqu'à la fin. Il ne pourra plus communier. Il sent que tout lui échappe peu à peu. Mais qu'importe, déjà il s'est laissé dessaisir, et l'heure est venue de mettre radicalement en acte la prière finale de son Cantique Spirituel.

"O Dieu, par qui tout est en être,
O fond, par qui tout se soutient,
O milieu, en qui tout se tient,
O Roi, que tout a pour son maître,
O Esprit, pur et souverain,
Qui portez tout en votre main,
Vie qui animez toute âme,

Soyez ainsi, par vos bontés,
L'esprit, le principe et la flamme,
Qui animent nos volontés.
Donnez-nous une sainte envie
De mourir aux objets passants
De l'esprit, du monde et des sens,
Pour faire place à votre vie.
Faites-nous, en vous, trépasser,
Anéantir, perdre et cesser,
Pour agir vous-même en nous-mêmes.
Vous aimeriez bien peu notre rien,
Ou nos péchés sont bien extrêmes,
Si Vous nous déniiez ce bien" (CS 45,46).

Le 25 mai, il est très faible. Pourtant il continue de recevoir des religieux qui font avec lui leur retraite pour se préparer à la fête de la Pentecôte, ainsi que des personnes qui ont l'habitude de s'adresser à lui en confession. C'est trop, pense son supérieur, qui demande qu'on veuille bien le laisser en paix. Mais le malade tient à répondre à la lettre reçue de Rouen. Il n'a guère la force d'écrire et demande à un confrère de le faire sous sa dictée : c'est un message de confiance, en l'absence de toute certitude.

"Comme vous pouvez le savoir, notre bénie et très honorée Soeur, je suis attaqué de maladie et d'infirmité depuis longtemps, aussi je me sers d'une main empruntée pour répondre à votre lettre. Vous désirez savoir si je prévois, pour après ma mort, la conduite de votre Institut [4] ou plutôt de l'Institut du Saint Enfant Jésus : je la recommande tous les

4. Quand Nicolas Barré écrit à Sr Anne Le Teinturier, à Dijon, en 1682, il écrit "notre" Institut. Le "vôtre" est-il dû au sentiment de la séparation entre Paris et Rouen, ou au détachement intérieur à l'approche de la mort ?

jours à Notre Seigneur.Nos dignes Messieurs de Rouen nous en ont parlé il y a quelques années, et m'ont demandé avec insistance lesquels de nos Pères seraient les plus aptes à soutenir l'Institut. Je fus obligé de leur en nommer plusieurs qui me paraissaient plus indiqués pour cette tâche.

J'espère que ces illustres messieurs agiront tous en accord avec le directeur spirituel pour délibérer et décider de tout ce qui sera pour le bien de votre Institut et l'avancement de toutes. Nous attendons la même grâce, dans la suite, des messieurs Dacqueville et de l'Epernay qui, dès à présent, montrent qu'ils veulent, à l'exemple de messieurs leurs pères, continuer cette bonne oeuvre [5]. Priez Dieu pour cela, et confiez-vous en sa divine Providence. Je consens volontiers à ce que vous et nos Soeurs bénies, vos compagnes, prennent le cordon de Saint François de Paule, à cause de la persévérance que vous avez toutes quatre à le demander. Si le Bon Dieu me redonne la santé, je vous répondrai sur ce que vous me demandez au sujet de votre vie spirituelle.

Quoi qu'il arrive, notre Soeur bénie, soyez toujours en paix, et confiez-vous en Dieu : il vous sera fait selon votre Foi, votre Espérance et votre Charité, et encore par-delà. Prenez tout ceci bien plus de la part de Jésus que de celui qui est tout acquis et dévoué à votre sanctification en vue de celle des âmes, par la grâce de Jésus

fr. Nicolas Barré

Religieux Minime indigne"

Le 26 et le 27 mai, il peut écrire quelques lettres, bien qu'avec peine, concernant "les affaires des écoles de la

---

5. Aucune mention n'est faite de la rencontre de Magny et des administrateurs qui y ont participé.

Providence". S'agit-il des suites de Magny? Le 27, à trois heures, il est trop faible pour pouvoir poursuivre, et l'on juge bon d'emporter son écritoire hors de sa chambre. Mais, au début de la nuit, il souhaite reprendre la correspondance. Le Père Thuillier est là à ses côtés. Il l'en dissuade en lui disant que son supérieur trouve plus sage qu'il ne se fatigue plus à écrire.

"Je vois bien ce que cela signifie", dit-il.

- Oui, je crois que vos malaises sont comme l'étoile de Bethléhem qui avertit les mages d'aller trouver Jésus Christ. C'est le signe du Grand Roi qui vous appelle.

"Alors, n'oublions pas la suite, entrons dans tous leurs sentiments, et disons comme eux : allons présenter nos coeurs en offrande."

Grâce au repos de la veille, il semble aller mieux. Le 28 au matin, on s'empresse de partager cette bonne nouvelle, et ses amis se réjouissent. Certains vont dans sa chambre lui témoigner leur joie. Mais Thuillier ne s'y trompe pas. Ce n'est qu'une rémission, et il souhaite poursuivre avec son ami le cheminement paisible vers sa dernière heure. Il le rejoint à nouveau dans sa chambre et l'entretient de l'oeuvre qu'il a accomplie.

- Vous savez que le Roi a manifesté son estime et son approbation pour les Ecoles du Saint Enfant Jésus. Et, en considérant le bien extraordinaire que les Maîtresses de ces écoles procurent à l'Eglise dans toute la France et hors du Royaume, cela doit vous donner grande consolation! Vous pouvez reprendre à votre compte les paroles de Jésus à son Père avant de quitter le monde... J'ai achevé l'oeuvre que vous m'avez confiée, il est temps que j'aille à vous.

"Je sais bien ce que vous voulez m'annoncer par ces derniers mots. Et je crois que vous comprenez bien mieux l'évolution de ma maladie que ceux qui me parlent de guérison."

Durant l'après-midi on le trouve profondément assoupi, et l'on craint qu'il tombe en léthargie, comme deux ans auparavant. Thuillier le réveille, et veut le faire parler pour l'empêcher de sombrer dans le sommeil.

- Dites-nous quelles sont les paroles de l'Ecriture les plus utiles à redire, pour un malade sans forces comme vous l'êtes. Il ouvre alors les yeux et par trois fois s'écrie : "Mon Seigneur et mon Dieu!"

Puis, regardant les personnes réunies dans sa chambre, il ajoute: "Ce sont là les paroles les plus agréables à Dieu et les plus consolantes pour l'homme, car Dieu est bon, et la pensée de sa bonté soutient nos espérances. Aidez-moi à redire ces paroles durant mon agonie, ainsi que "Vous êtes le seul Saint, le seul Seigneur, le seul Très-Haut, Jésus Christ."

"Mon Seigneur et mon Dieu!" C'est, dans sa brièveté et sa densité, le cri de Foi de l'Apôtre qui a douté, Thomas, celui qui ne pouvait croire à l'impossible. C'est le cri que lance Nicolas Barré au terme de sa longue marche dans la nuit. "Dans nos peines", écrivait-il à un ami, "j'envoie souvent lettres sur lettres au Paradis par des prières, des gémissements, des cris, des exclamations, des angoisses, et des agonies qui semblent me pousser jusqu'au désespoir. Quelle route à la fois admirable et incompréhensible : le ciel dissimule tout extérieurement, pendant qu'il nous fortifie aussi solidement qu'intimement et imperceptiblement!" (L 54)

"Mon Seigneur et mon Dieu!" C'est l'heure du dernier combat du doute et de la foi, de la Foi dans le doute.

Entre 7 et 8 heures du soir, Thuillier vient à nouveau dans sa chambre pour le veiller durant la nuit. Il le trouve agité, inquiet.

- Que se passe-t-il ? Que vous est-il arrivé ?"
"Ah, mon ami, voilà que depuis une heure, mes vieilles angoisses reviennent à la charge. Je vous en prie, aidez-moi à m'en défaire, faites apporter de l'eau bénite."
Il s'apaise alors et on l'entendra souvent murmurer : "Je crois, j'espère, je veux toujours aimer."

Le 29, vers 9 heures du matin, Servien de Montigny vient prendre de ses nouvelles. Il lui répond uniquement par ces mots : "Il est bon que je m'en aille".

Peu après l'un de ses confrères s'approche :
- Serez-vous encore avec nous le jour de la Pentecôte pour recevoir ensemble le Saint Esprit ?
"Je ne crois pas mais j'irai au-devant de Lui."
- Et que Lui demanderez-vous en faveur de vos chères Filles des Ecoles Charitables?
" Leur Institut est un petit corps dans l'Eglise, je Lui dirai qu'il faut qu'Il l'anime toujours; c'est une école, je Lui dirai qu'il faut qu'Il en soit toujours le maître; c'est un escadron que j'expose contre ses ennemis, je Lui dirai qu'il faut qu'Il soit toujours à sa tête pour le conduire."

Le 30 le Père Giry vient le trouver. Depuis plusieurs années déjà c'est lui qui se rend Rue Saint-Maur pour les entretiens familiers et les confessions que le Père Barré n'a plus la force d'assurer régulièrement.
- De quoi voulez-vous que je les entretienne aujourd'hui?
"Le temps de la Pentecôte qui approche est le temps de la prise de possession du Saint Esprit. Montrez-leur comment le Saint Esprit doit prendre possession d'elles, et elles du Saint Esprit."

C'est vers 3 heures qu'il demande à recevoir le sacrement des malades. Selon la coutume des Minimes, toute la communauté s'assemble dans sa cellule. Alors, avec beaucoup de douceur et d'humilité, il demande pardon pour tout le mal qu'il a pu faire, et il ajoute :

"Oui, j'ai bien des raisons de demander pardon à tous les religieux de notre province car, en raison de mes maladies continuelles, je n'ai pas donné tous les exemples d'édification qu'on pouvait attendre de moi."

La nuit et la matinée suivantes, les périodes de calme et d'agitation alternent. On l'entend murmurer : "En esprit d'humilité et avec un coeur contrit, que je sois reçu par vous, Seigneur, et qu'ainsi, en votre présence, mon sacrifice vous soit agréable".

Le 31, vers 10 heures 30, on sent que la fin est proche. Thuillier lui remet entre les mains un cierge allumé.
- Voilà le symbole de la foi. Que cette lumière dissipe en vous tous les doutes et toutes les angoisses. Prenez-le et dites intérieurement : "Je crois. Ma lumière et mon salut, c'est le Seigneur. De qui aurais-je crainte?" C'est aussi la lumière de la gloire divine vers laquelle vous allez. Tenez votre lampe allumée pour entrer, avec Jésus, dans la salle des noces! Est-ce que vous m'entendez ?
Dans un souffle il murmure :
" Oui, j'ai entendu. Je comprends. C'est la lampe allumée des vierges sages. Quelle joie d'entrer au ciel avec elles. "Et peu après, par trois fois :
"Jésus, Marie."
Ce sont ses derniers mots.
A 12 heures il expire. Son visage est calme, serein, paisible.

Alors le glas se met à sonner, et le bruit se répand dans toute la ville : "Le saint Minime est mort! Le saint Minime est mort! " Une multitude de gens accourt au couvent des Minimes : les filles des écoles, les nobles et les servantes, les bourgeois et les laquais. Beaucoup laissent couler leurs larmes. On veut le voir, le toucher. Et, dès que son corps est exposé, selon la tradition, à la porte de l'église, "il se fait dans la capitale comme un universel ébranlement" (Th). On vient baiser ses pieds, répandre des fleurs sur son corps, on lui fait toucher des chapelets, on veut arracher ses cheveux, sa barbe, des morceaux de ses vêtements. Avant ses funérailles, un de ses amis, dont il est le directeur spirituel, fait faire une empreinte en cire de son visage afin d'en conserver le souvenir.

Le jeune peintre Joseph Vivien, passant par là et voyant une grande foule rassemblée, s'approche. Lui aussi est frappé par la beauté de cette face émaciée mais radieuse et comme transfigurée. Sur le champ, il saisit ses crayons et en dessine le portrait. Il sera gravé sur cuivre par Simoneau, et les reproductions diffusées dans tout le pays.

A Reims, Jean Baptiste de la Salle est profondément affecté par la mort de celui dont les conseils lui ont permis d'établir les fondements de son Institut.

A Rouen, on pleure le défunt, et l'on relit avec émotion sa dernière lettre : "Quoi qu'il arrive, soyez toujours en paix et confiez-vous en Dieu... " Et au milieu de leurs larmes, ceux et celles dont Nicolas Barré a été le guide, le maître spirituel, se souviennent qu'avec lui ils ont appris que la douleur n'est pas que la douleur, et que la nuit peut être "un excellent jour".

# POSTFACE

## Où sont aujourd'hui les héritiers spirituels de Nicolas Barré ?

A la fin du XVIIIe siècle, la Révolution porte un coup fatal à l'Ordre des Minimes en France. Plusieurs religieux furent exécutés. Tous furent chassés de leurs couvents, et n'y revinrent pas après cette période difficile. Aujourd'hui, l'Ordre Minime est présent en Italie, en Espagne, au Brésil, aux Etats-Unis et en Tchécoslovaquie.

Le groupe de maîtres d'école, institué par la Père Barré, n'a pas survécu. Les Frères de Saint Jean Baptiste de la Salle ont pris le relais et gardent pour le Père Barré une profonde reconnaissance.

Plusieurs congrégations diocésaines en France ont été aidées à leur début par des Filles de l'Instruction Charitable, ou en ont adopté les statuts.

Après la mort du Père Barré, Rouen et Paris gardent deux administrations distinctes. Les tentatives de négociations pour réunir les deux groupes échouent, et Servien de Montigny a recours au Roi pour trancher la question en 1690. "Cette séparation", écrit-il, "est contraire aux volontés du Père Barré, et le Sieur Grainville n'est que le prétendu supérieur de Rouen". De plus, cette désunion engendre aussi des divisions parmi les Soeurs, certaines de celles qui ont été envoyées en Languedoc préférant reconnaître l'autorité de Rouen". Mais le Roi tranche en séparant les deux rameaux en 1691. A Monsieur de Grainville, il donne autorité sur la Normandie et la Bretagne, à Servien de Montigny sur le reste de la France. Cependant des liens demeurent. D'autres tentatives de réunion ont lieu en 1695, 1700, 1707. Mais elles échouent. On prend alors officiellement acte de la division.

Aujourd'hui :

- Les Soeurs de l'Enfant Jésus-Providence de Rouen sont un Institut diocésain à extension missionnaire (Madagascar et Centre Afrique).
- Les Soeurs de l'Enfant Jésus-Nicolas Barré sont un Institut international présent en Europe, Asie, Afrique et Amérique Latine.

Le Concile Vatican II les a amenées à vivre un pèlerinage aux sources. Au-delà des différences nées de trois siècles d'histoire vécus séparément, des liens ont été renoués. Ils ont abouti à une Fédération des deux Instituts dont chacun garde cependant son autonomie.

| | | |
|---|---|---|
| Paris | Ile-de-France | 1675-1676 |
| Paroisse St Jean-en-Grève | Ile-de-France | 1675 |
| Paroisse St Nicolas-des-Champs | Ile-de-France | 1677 environ |
| Guise | Picardie | 1677 |
| Aubenton | Picardie | 1677-1678 |
| Hirson | Picardie | avant 1681 |
| Le Nouvion | Picardie | avant 1681 |
| Paris | Ile-de-France | |
| Paroisse St Laurent | Ile-de-France | 1678 |
| Paroisse St Eustache | Ile-de-France | 1678-1680 ? |
| Paroisse St Roch | Ile-de-France | 1678-1680 ? |
| Paroisse St Louis-en-l'Ile | Ile-de-France | 1678-1680 ? |
| Paroisse St Gervais | Ile-de-France | 1678-1680 ? |
| Rue Saint Maur | Ile-de-France | 1678 |
| Paroisse St Sulpice (8 écoles) | Ile-de-France | après 1678 |
| St Joseph | Ile-de-France | après 1678 |
| Rue St Dominique | Ile-de-France | après 1678 |
| Rue de Seine | Ile-de-France | après 1678 |
| Rue St Placide | Ile-de-France | après 1678 |
| La Grenouillère | Ile-de-France | après 1678 |
| Paroisse St Etienne-du-Mont | Ile-de-France | après 1678 |
| Paroisse St Antoine | Ile-de-France | après 1678 |
| Rouen : Rue de l'Espée (maison-mère) | Normandie | février 1678 |
| Bayeux | Normandie | 1678 |
| Bernay ? | Normandie | 1678-1679 |
| Péronne ? | Picardie | 1678 |
| Aumale | Normandie | 1680 |
| Liesse | Picardie | 1680 |
| Rumigny | Picardie | 1681 |
| Vermand | Picardie | ? |
| Ancerville | Lorraine | 1681 environ |
| Bergues | Flandres | 1681 environ |
| Dieppe | Normandie | 1681 |
| Caen | Normandie | 1681 |

| | | |
|---|---|---|
| Pontoise | Ile-de-France | 1681 environ |
| Niort | Poitou | 1682 |
| Dijon | Bourgogne | avant nov.1682 |
| Vaucelles | Normandie | 1682 |
| Saint Maixent | Poitou | 1683 |
| Fécamp | Normandie | avant 16.5.1683 |
| Abbaye-des-Bois | Poitou | 1683 |
| Vouillé | Poitou | 1683 environ |
| Saivres | Poitou | 1683 environ |
| Lisieux | Normandie | 1684 |
| Châlon-sur-Saône | Bourgogne | 1684 |
| Toulon | Provence | 1684 environ |
| Montauban | Guyenne | 1684 |
| Noisy-le-Roy | Ile-de-France | 1684 |
| Louviers | Normandie | 1684 |
| Paris : paroisse St Nicolas-de-St Sauveur | Ile-de-France | avant 8.1.1685 |
| Beauvais | Ile-de-France | 1685 |
| Montpellier | Languedoc | 1685 |
| Bordeaux | Guyenne | 1685 |
| Autres communes en | Languedoc | 1685 |
| | Guyenne | 1685 |
| | Poitou | 1685 |
| | Anjou | 1685 |
| | Provence | 1685 |
| | Aquitaine | 1685 |
| Lyon | Lyonnais | 1686 |
| Avranches | Normandie | avant 19.4.1686 |
| Valognes | Normandie | " |
| La Délivrande | Normandie | " |
| Langrune-sur-mer | Normandie | avant 10.4.1686 |
| Neufchâtel-en-Bray | Normandie | " |

| | | |
|---|---|---|
| Beaumont | Normandie | après 10.4.1686 |
| Castres | Languedoc | 1686 |
| Rouen : Bourg-l'Abbé | Normandie | 1686 |
| Uzès | Languedoc | 1686 |
| Alès | Languedoc | 1686 |
| Le Vigan | Languedoc | 1686 environ |
| Saint-Jean-du-Gard | Languedoc | 1686 environ |
| Lasalle | Languedoc | 1686 environ |
| Sauve | Languedoc | 1686 environ |
| Sumène | Languedoc | 1686 environ |
| Gensac | Guyenne et Gascogne | 1686 |
| Saint Cyr | Ile-de-France | 1686 |
| Nîmes | Languedoc | 1687 |
| Toulouse | Languedoc | 1687 |
| Saumur | Anjou | 1687 |
| Saint Ambroix | Languedoc | 1687 |
| Agde - Florensac | Languedoc | 1687 |
| Pézenas | Languedoc | 1687 |
| Montagnac | Languedoc | 1687 |
| Ardin | Poitou | sans date |
| Narbonne | Languedoc | sans date |
| Bourges | Berry | sans date |
| Canada | Amérique du Nord | avant le 30.6.1686 |

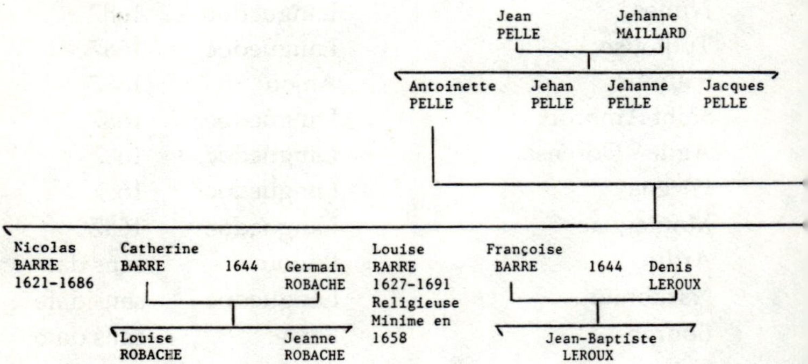
Jean PELLE
Jehanne MAILLARD
Antoinette PELLE
Jehan PELLE
Jehanne PELLE
Jacques PELLE
Nicolas BARRE 1621-1686
Catherine BARRE
1644
Germain ROBACHE
Louise ROBACHE
Jeanne ROBACHE
Louise BARRE 1627-1691 Religieuse Minime en 1658
Françoise BARRE
1644
Denis LEROUX
Jean-Baptiste LEROUX

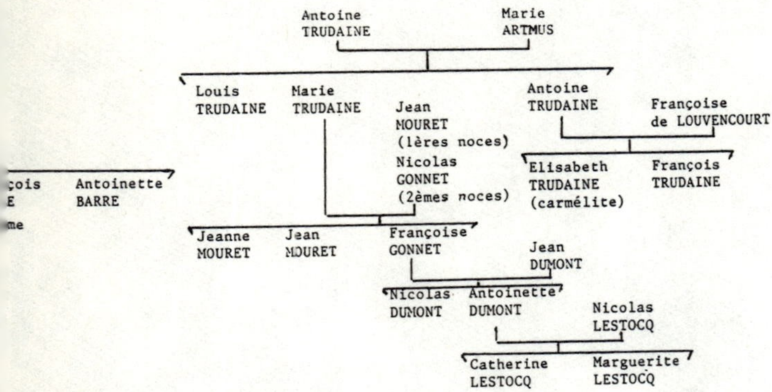


**r Nicolas Barré :**

**Famille Barré et alliés**

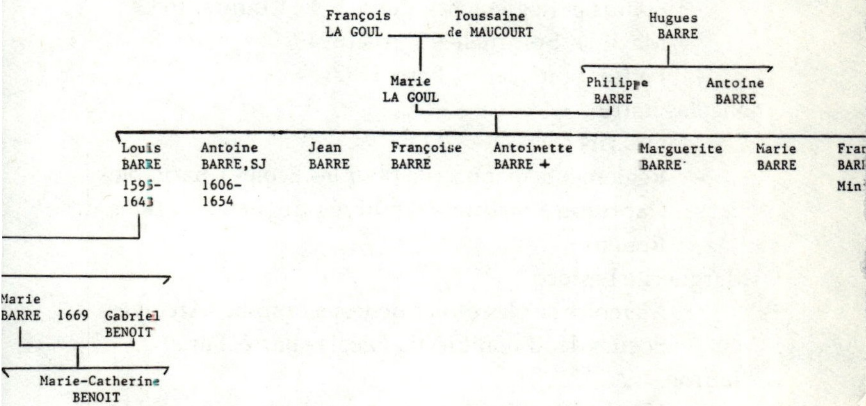


**Ont joint l'Institut fondé pa**

**sa nièce : Louise Robache**
**Catherine Lestocq**
**Margueritte Lestocq**

# BIBLIOGRAPHIE

**Ecrits du Père Barré et de ses contemporains**

Nicolas Barré
Oeuvres complètes (en cours d'édition)

Nicolas Barré
- Statuts et Règlements, Paris, F. Le Cointre, 1685
- Maximes Spirituelles, Paris 1694
- Lettres Spirituelles, Paris 1697

Nicolas Barré
Manuscrits :
- Règlements manuscrits pour les Ecoles Charitables
- Cantique Spirituel (Archives départementales de Rouen)

Marguerite Lestocq
Mémoire sur les écoles de Jésus humilié (Archives Soeurs de l'Enfant Jésus-Nicolas Barré, Paris)

Raffron
Vie du Père Barré dans : La vie des saints et de plusieurs autres dont la mémoire est plus célèbre parmi les fidèles. Tome III, Paris, E. Couterot, 1719

Thuillier
Diarium patrum, fratrum et sororum. Morts dans la province de France de 1506 à 1700. Paris 1709 - Traduction Loth, Rouen 1912

Demia
Remontrances à Messieurs les Prévôts des Marchands, Echevins et principaux habitants de Lyon touchant la nécessité des écoles pour les enfants, 1668

**Oeuvres ou articles concernant Nicolas Barré**

Positio

sur la cause de béatification du serviteur de Dieu, le Père Nicolas Barré, Rome, Imprimerie Vaticane, 1970

Desobry

Un picard, précurseur de Jean Baptiste de La Salle : Nicolas Barré, Amiens 1621 - Paris 1686, dans le bulletin de la société des antiquaires de Picardie, 1964

Farcy

- Le Révérend Père Barré, religieux Minime 1621 - 1686. Paris, Gabalda et Cie 1942
- Une page d'histoire religieuse de Rouen : l'Institut des Soeurs du Saint Enfant Jésus, dites de la Providence de Rouen. - Rouen 1933 - Imprimerie de la Vicomté
- La vie spirituelle d'après le Révérend Père Barré Minime - Rouen 1946 - Imprimerie Lainé

de Grèzes

Vie du Père Barré, Paris 1892 - Librairie Ch. Poussielgue

Harang J.

La vie spirituelle et la direction des âmes à l'école du Révérend Père Barré - Paris 1938 - Editions Alsatia

Cordonnier

Le Révérend Père Barré, de l'Ordre des Minimes, Paris, 1938 - Librairie Saint-Paul

**Ouvrages généraux**

Poutet Y.

Le XVIIe siècle et les origines lassalliennes. Rennes 1970 - Imprimeries réunies

Aries

L'enfant et la vie familiale sous l'Ancien Régime. Seuil

Bardet J.P.

Rouen aux XVIIe et XVIIIe siècles, les mutations d'un espace social. Sedes, Paris

Brémond
L'histoire littéraire du sentiment religieux en France
Chartier Compère Julia
L'éducation en France du XVIe au XVIIIe siècles. Sedes
Christophe P.
Les pauvres et la pauvreté en France - Desclée
Delumeau
Catholicisme entre Luther et Voltaire - PUF
Deville
L'école française de spiritualité - Desclée
Fliche et Martin
Histoire générale de l'Eglise Volume 19. Bloud et Gay
Goubert
Louis XIV et 20 millions de Français - Fayard
Grosperrin
Les petites écoles sous l'Ancien Régime - Ouest-France
Gutton
La société et les pauvres en Europe (XVIe - XVIIIe siècles) PUF
Krakovitch Odile
- La vie intellectuelle dans les trois couvents Minimes de la Place Royale de Nigeon et de Vincennes dans Bulletin de la société de l'histoire de Paris et de l'Ile de France, 1982
- Le couvent des Minimes de Passy dans : Paris et l'Ile de France, Tome 40, 1989
- Le couvent des Minimes de la Place Royale dans : Paris et l'Ile de France, Tome 30, 1979

Viguerie J. de
Le catholicisme des français dans l'ancienne France Nouvelles Editions Latines
Lexique historique de la France de l'Ancien Régime - Armand Colin
Dictionnaire des Institutions de la France, XVIIe et XVIIIe siècles, Marion - Ed. Picard
Dictionnaire du Grand Siècle - Fayard

# TABLE DES ILLUSTRATIONS

# TABLE DES MATIÈRES

Achevé d'imprimer en avril 1992
sur les presses de l'Imprimerie Saint-Paul
55000 Bar le Duc, France
Dépôt légal : avril 1992
N° 3-92-0328